AF607625

El Poder Secreto *de los* Cinco Corazones

La información contenida en este libro se basa en las investigaciones y experiencias personales y profesionales de la autora y no debe utilizarse como sustituto de una consulta médica. Cualquier intento de diagnóstico o tratamiento deberá realizarse bajo la dirección de un profesional de la salud. La editorial no aboga por el uso de ningún protocolo de salud en particular, pero cree que la información contenida en este libro debe estar a disposición del público. La editorial y la autora no se hacen responsables de cualquier reacción adversa o consecuencia producidas como resultado de la puesta en práctica de las sugerencias, fórmulas o procedimientos expuestos en este libro. En caso de que el lector tenga alguna pregunta relacionada con la idoneidad de alguno de los procedimientos o tratamientos mencionados, tanto la autora como la editorial recomiendan encarecidamente consultar con un profesional de la salud.

Título original: THE HIDDEN POWER OF THE FIVE HEARTS
Traducido del inglés por Roc Filella Escolá
Diseño de portada: Editorial Sirio, S.A.
Ilustraciones interiores: HeartMath Institute

www.editorialsirio.com / sirio@editorialsirio.com

I.S.B.N.: 979-13-87974-09-1
Depósito Legal: MA-154-2026

Impreso en Imagraf Impresores, S. A.
c/ Nabucco, 14 D - Pol. Alameda
29006 - Málaga

Impreso en España
Puedes seguirnos en Facebook, X, YouTube e Instagram.

Kimberly Snyder

autora de

Eres mucho más de lo que crees

El Poder Secreto *de los* Cinco Corazones

Aprende a utilizarlo para armonizar tus emociones, despertar una salud radiante y atraer abundancia a tu vida

«Kimberly es una mujer extraordinaria. Es genial».

Drew Barrymore

«La filosofía de Kimberly desvela la unidad que forman tus facetas mentales, emocionales y espirituales, tu dieta y tu salud».

Deepak Chopra

«Kimberly es una de las más importantes especialistas de nuestro tiempo en lo que se refiere a la combinación de sabiduría ancestral y ciencia, y los conocimientos que ofrece sobre ello en *El poder secreto de los cinco corazones* son absolutamente necesarios para que la humanidad avance y sobreviva en nuestros días».

Alberto Villoldo,
antropólogo y médico, autor de *Los acuerdos del alma, El corazón del chamán, La medicina del espíritu, Las cuatro revelaciones* y *Soñar con valentía* (publicados todos por Editorial Sirio)

«La Meditación HeartAlign ('alineación del corazón') de Kimberly Snyder, sus enseñanzas y conocimientos son herramientas eficaces e iluminadoras que ayudarán a personas de todo el mundo a conectar con el poder de sus corazones y transformar sus vidas. Su nuevo libro, *El poder secreto de los cinco corazones*, es una magnífica guía que te llevará a descubrir tus objetivos, a tener un mayor nivel de percepción, una mejor salud, y a alcanzar el amor incondicional y la paz que habita en todos nosotros. Te invito no solo a que leas este libro, sino a que estudies y practiques su sabiduría».

Michael Bernard Beckwith,
fundador y CEO de Agape International Spiritual Center, autor de *Prosperidad, plenitud y posibilidades infinitas,* y presentador del pódcast *Take Back Your Mind*

«Las enseñanzas de Kimberly sobre una vida basada en el corazón y la Meditación HeartAlign son unas poderosas herramientas para generar más paz y unidad, que partiendo del interior de cada uno de nosotros, se expanden a través de las familias a lo largo del mundo. En la actualidad, su trabajo no es solo muy importante, sino necesario».

Dra. Shefali Tsabary,
autora del éxito de ventas *Padres conscientes: educar para crecer*

«Las enseñanzas de Kimberly Snyder sobre la inteligencia del corazón y su Meditación HeartAlign son herramientas innovadoras para mejorar la salud, la vitalidad, la inteligencia emocional y la felicidad desde el interior. Su nuevo libro, *El poder secreto de los cinco corazones*, ofrece una lectura vibrante y cautivadora sobre el verdadero poder del corazón humano».

Dan Buettner,
número uno en la lista de superventas de *The New York Times* por la serie de libros *Blue Zones*.

«En *El poder secreto de los cinco corazones*, Kimberly Snyder ofrece una alternativa a pensar intensamente: sentir más intensamente. Este nuevo libro explora e indaga acerca del poder del corazón para reducir el estrés y la sobrecarga, para transformar la energía negativa en vitalidad y ayudarnos a vivir la vida con un propósito. El libro enlaza la ciencia y la espiritualidad de forma perspicaz y útil. Me siento honrado de llamarla amiga y mentora».

Jeff Krasno,
CEO de Commune Media

«Las enseñanzas de Kimberly y la Meditación HeartAlign han impactado de manera positiva sobre mi vida personal, ayudándome a conectar con una nueva fuente de poder, indulgencia y sabiduría provenientes de mi corazón. Su programa fusiona la sabiduría espiritual de nuestros ancestros con la tecnología de vanguardia, algo que nos puede beneficiar a todos. Kimberly es una fuente de luz en este mundo, y su magisterio es un faro de esperanza para el futuro de la humanidad y el planeta».

Casey Means, M.D.,
Cofundadora de Levels y autora de *Energía vital*, número uno en la lista de superventas de *The New York Times*

«El poder secreto de los cinco corazones es mucho más que un libro, es una oportunidad y un aliciente para emprender un fantástico viaje que nos permita comprender mejor cómo pensar, amar, vivir de manera más saludable y lograr la prosperidad en todas sus variantes. Kimberly Snyder es una voz honesta y una guía auténtica que desvela un fascinante secreto para el empoderamiento personal: la inteligencia del corazón».

Thomas M. Kostigen,
autor de varios éxitos de ventas, entre ellos *Cool Food: Erasing Your Carbon Footprint One Bite at a Time* coescrito con Robert Downey, Jr.

«El trabajo de Kimberly Snyder sobre despertar el poder del corazón es importante y oportuno tanto desde una perspectiva científica como espiritual. Su nuevo libro, *El poder secreto de los cinco corazones*, muestra maneras muy prácticas y valiosas de generar crecimiento, abundancia y éxito verdadero en tu vida. Tendrá un lugar preferente en mi librería».

Hitendra Wadhwa, Ph.D.,
profesor de la Columbia Business School, fundador del Mentora Institute, y autor de *Inner Mastery, Outer Impact*

Dedicado a Paramahansa Yogananda y
Swami Sri Yukteswar Giri,
con devoción, amor y gratitud.

ÍNDICE

UNA NOTA PARA TI

Tengo un secreto que compartir contigo. Tu corazón –ese hermoso órgano que bombea, late, y piensa (sí, piensa)– contiene en su interior una inteligencia secreta que, cuando podemos acceder a ella, tiene el poder de transformar literalmente cada aspecto de nuestra vida en un tiempo relativamente corto. Quiero decir con esto que el cambio puede suceder casi de la noche a la mañana, pero deseo elegir mis palabras con cuidado. He visto en los últimos años algunas cosas asombrosas (de las que trataremos después) que te dejarían sin palabras, que te impresionarían... y a tu corazón también (en el buen sentido, por supuesto). Y no lo digo a la ligera. Cualquiera que me haya seguido a lo largo de los años sabe que soy bastante seria con respecto a las afirmaciones que hago (y aquellos que se han interesado recientemente por mi trabajo, enseguida verán que tolero muy mal las tonterías).

Este libro trata sobre cómo acceder a la inteligencia de tu corazón y alinearla con la inteligencia de tu mente. Pronto aprenderás a hacerlo de formas sorprendentemente simples y, sin embargo, intensamente poderosas. Y cuando lo hagas, podrás experimentar elevados niveles de éxito y abundancia, una mejor salud física y una confianza inquebrantable, relaciones más profundas, amor incondicional, resiliencia emocional y una profunda sensación de paz y plenitud.

Considera esto. Tienes varios cerebros. Uno está en tu cabeza y otro, en tu corazón (también hay uno en tu vientre, del que hablaremos más adelante). Desde pequeños hemos ido a la escuela y nos han dado un mapa para acceder a la inteligencia de nuestros cerebros (aprender a leer, a escribir, matemáticas...), pero nadie nos dio el más mínimo indicio sobre qué hacer con el corazón. Este libro busca corregir eso, y para ello te guiaré a través del concepto de los Cinco Corazones. ¡Sí, así es, tienes varios cerebros y cinco corazones!

Está bien, permíteme ser un poco más comedida. Antes de continuar, quiero contarte algo de mí, de cómo llegué a donde estoy ahora, haciendo afirmaciones audaces sobre algunas cosas aparentemente contrarias a todo lo que nos han enseñado.

Tuve la típica y usual infancia propia de las afueras de Connecticut. Me etiquetaron como «exótica» porque soy mitad filipina, lo que me hacía sentir incómoda, ya que no quería destacar. Sin embargo, al mirar atrás como adulta, me doy cuenta de que el problema era mucho mayor: no tenía herramientas para lidiar con mis fuertes emociones y opresivos pensamientos, muchos de los cuales giraban en torno a la duda y a no considerarme lo suficientemente buena, por lo que desarrollé varias identidades, máscaras a las que me aferraba para sentir que era digna. Una de las más destacadas que mantuve durante mucho tiempo fue ser «la inteligente». Esto me provocó una ansiedad abrumadora que me obligaba a ser perfecta. Trataba de tener siempre las mejores calificaciones, siempre ser la número uno. Mi sentido del ser estaba completamente envuelto en lo que los demás pensaban de mí, y eso era agotador.

Al finalizar la enseñanza secundaria, fui a la universidad, me gradué, y unos días después de la graduación dejé mi casa para trabajar en el extranjero, y luego me fui a hacer senderismo durante unos tres años. Viajé por todo el mundo, acampé en trece países del este y sur de África, recorrí la India en todo tipo de trenes y monté a caballo por las llanuras de Mongolia.

Estaba intentando entender en qué consistía la vida. También pretendía descubrir una forma de aliviar la extrema ansiedad, el insomnio crónico, el abotargamiento y la inquietud que había experimentado durante años. Buscaba la paz, pero aún no tenía ni idea de cómo encontrarla.

Inicié un camino hacia el bienestar a través de la nutrición. Con el tiempo, se ha expandido, ya que he visto con más claridad cómo las diferentes partes de las que estamos compuestos, las diferentes energías, pueden trabajar en armonía. Un cuerpo saludable influye en una mente saludable, una mente saludable influye en un cuerpo saludable, y un estilo de vida saludable influye en una mente y un espíritu saludables. A lo largo de los años, he trabajado como *coach* holística de bienestar y nutricionista, guiando las dietas, los estilos de vida, el bienestar emocional y las prácticas de meditación de mis clientes, ayudando a todo tipo de personas, desde celebridades y estrellas de cine hasta estudiantes, jóvenes profesionales, padres y madres y jubilados. Todos buscamos lo mismo: significado, propósito, seguridad, comprendernos y encontrar una solución a todos los sentimientos de desunión que acarreamos.

Es en esta experiencia de distanciamiento de nosotros mismos y de los demás donde a menudo se sitúa aquello que nos impide alcanzar nuestras metas y sueños. Lo sé por mi propia experiencia. Mi corazón se ha roto muchas veces. Eso, como todos sabemos, duele. Y sentí un dolor infernal cuando pasé por algunas rupturas muy difíciles; especialmente una que involucraba a mi primer hijo (que en ese momento tenía alrededor de dieciocho meses) o cuando me sentí traicionada por una amiga. Pero he tenido la suerte, en los últimos quince años, de haber vivido tanto aprendizaje, crecimiento y experiencias que me han ayudado a ver la fuerza que tengo en mi interior. Mi propia práctica es lo que me ha llevado a la sanación y a una conexión cada vez más profunda con quien soy realmente.

A veces, sin saberlo, utilicé algunas de las ideas que aparecen en este libro. Y ahora que he adquirido una comprensión nueva y mucho más profunda del corazón, y de cómo se puede usar para alinear tu mente y toda tu vida, siento la apremiante necesidad, la certeza, de que debo compartir esa sabiduría contigo. Por eso, este libro es tu guía para ayudarte a vivir con determinación una vida llena de vitalidad y energía, con una mente clara, un cuerpo saludable desde la piel hasta todos los órganos internos y un espíritu que se conecta más profundamente con el mundo que te rodea.

Nuestros corazones son el eje mismo de nuestro ser. Físicamente, el corazón se encuentra en el centro de la columna vertebral, a medio camino entre los intestinos y el cerebro. La importancia del corazón ha sido resaltada en las culturas antiguas –como los babilonios, griegos y egipcios–, en las tradiciones espirituales y en todas las principales religiones del mundo.

El corazón también es el centro de interesantes investigaciones científicas sobre la coherencia, que incluye la comunicación entre corazón y cerebro, lo cual es fundamental para la salud y la felicidad. La coherencia es una forma de coordinar las frecuencias electromagnéticas que dan vida a tu corazón y tu cerebro. Se trata de vivir en sincronía. Imagina lo contrario. Imagina, por ejemplo, que vas paseando por un camino y cuando llegas a una bifurcación, tu pierna izquierda se va hacia la izquierda y la derecha se va hacia la derecha. ¿Qué pasaría? Probablemente te rasgarías los pantalones o, peor aún, te harías daño; sin embargo, así es como muchas veces trabajan nuestros corazones y nuestras mentes. La coherencia es una manera de aunar esas dos partes de ti para que puedas ir a donde te plazca.

Lo esencial de este libro es la gran revelación: tu corazón posee una inteligencia inigualable a la que tu mente por sí sola nunca podría acceder y que puede transformar todos los aspectos de tu vida. Esto es así tanto para tu corazón físico, tangible y palpitante, como para tu corazón espiritual, que es un centro de poder energético, una puerta de conexión con tu Verdadero Ser, donde tu humanidad y tu Espíritu se fusionan.

Al comenzar a incorporar el poder del corazón, tanto desde el conocimiento científico como del energético que estaba descubriendo, todo en mi vida –y digo *todo*– mejoró. Comencé a tener mucha más energía a lo largo del día, pero especialmente al final, cuando antes me encontraba agotada y emocionalmente destrozada. Empecé a sentirme mucho más en paz, incluso con personas que me habían resultado siempre muy desafiantes. Hasta mi cabello empezó a crecer más fuerte y saludable. El dolor crónico que sentía en las caderas y el cuello desapareció. En mi vida diaria, todavía tengo algunos momentos de pesadez, cuando caigo en viejos patrones, pero en general, realmente me siento mucho más ligera y feliz. La búsqueda externa finalizó, porque me di cuenta de que el corazón está justo aquí, dentro de cada uno de nosotros.

Comencé a incorporar el corazón en mi trabajo con mis clientes y con otras personas de mi entorno, y empecé a ver que muchos de ellos también mejoraban. Fui testigo de cómo su energía y sus vidas cambiaban por completo. Y todo esto sucedía de manera no lineal. Es decir, a medida que el corazón activaba un tipo de poder intuitivo y sumamente inteligente dentro de cada uno de ellos, los viejos bloqueos y patrones que habían sido un problema durante años comenzaban a romperse, ¡a veces de manera inmediata!

El equipo de mi empresa, Solluna, realizó un estudio sobre una práctica basada en el corazón llamada la Meditación HeartAlign ('alineación del corazón') con el Instituto HeartMath, una organización ubicada en California que ha estado estudiando la ciencia de la comunicación corazón-cerebro y la relación entre el corazón físico y el corazón energético o espiritual durante más de treinta años. Los resultados del estudio mostraron un aumento del veintinueve por ciento en la coherencia en solo cuatro semanas.

El corazón tiene una manera de aclarar las cosas al proporcionar una nueva perspectiva.

En contraste con el sendero *mugriento* y, a menudo, largo y tortuoso de la mente, al proporcionar una nueva perspectiva, el corazón tiene una manera de clarificar las cosas que implica volver a repasar y tratar de sortear esa *mugre*.

Por ejemplo, vi:

- Personas que habían estado luchando con su peso durante años que perdieron esos kilos de más, con facilidad. Esto se debe a que sus corazones las ayudaron a sanar la raíz de la necesidad de usar la comida para calmar unas emociones desmedidas.

- Gente crónicamente enfadada que logró la manera de alcanzar una perenne calma.
- Madres abrumadas que encontraron un nuevo sentido del equilibrio y propósito vital.
- Individuos de alto rendimiento que aprendieron a prevenir gran parte del estrés por completo, en lugar de tratar de minimizar sus efectos increíblemente perjudiciales *después* de que ya se habían adentrado en una respuesta al estrés.
- Muchas personas que mostraron al mundo sus ideas creativas de manera afortunada y lucrativa.

Durante mi investigación, descubrí un libro llamado *La ciencia sagrada*, que tuvo un gran impacto en mí. Fue escrito por el venerado monje y místico Swami Sri Yukteswar, gurú de Paramahansa Yogananda, quien trajo el yoga a Occidente. Aunque Sri Yukteswar era un hombre de apariencia y actitud severas, también se decía que poseía una sabiduría incomparable y el amor de mil madres.

Encontré particularmente fascinante la parte del libro en la que Sri Yukteswar habla sobre los cinco estados del corazón humano. Explica que todos progresamos a través de cinco etapas de despertar del corazón, que nos llevan a una realización completa de nuestro verdadero ser. Cada etapa trae un nivel único de conciencia, modelando la realidad que experimentamos y desbloqueando nuestro potencial innato. Dediqué muchos meses a una intensa contemplación y me sumergí en el estudio del corazón y en las enseñanzas de Sri Yukteswar, esforzándome por entender correctamente e interiorizar las profundas percepciones sobre los misterios del corazón.

Fue durante este tiempo cuando me puse en contacto por primera vez con el HeartMath Institute, comenzando con un intercambio de pódcast con la doctora Deborah Rozman, su presidenta. Luego visité su centro en el norte de California y conocí a algunas personas asombrosas y brillantes que han dedicado sus vidas a estudiar y traer al planeta lo que ellos llaman *inteligencia del corazón* y el *despertar del corazón*, incluyendo al vicepresidente ejecutivo, Howard Martin, al director de investigación, el doctor Rollin McCraty, y al fundador, Doc Childre. Me quedé impresionada por todo su trabajo.

Una tarde, mi esposo, Jon, y yo, en una habitación bajo una luz tenue, nos sentamos con Doc durante horas, hablando sobre la vida y practicando juntos meditaciones del corazón. Esta experiencia intensa y transformadora, difícil de expresar con palabras, despertó sentimientos indescriptibles en mi corazón. Después de esa tarde y en los días siguientes, me sentí inspirada a plasmar los conocimientos científicos y la investigación del HeartMath Institute en este libro, y a llevar a cabo, junto con ellos, el Estudio de Meditación HeartAlign, el cual he mencionado antes. Curiosamente, sus hallazgos se alinean estrechamente con las cinco etapas del corazón enseñadas por Sri Yukteswar.

Todas estas experiencias nos conducen a este viaje, en el que estamos a punto de embarcarnos juntos. A medida que avancemos a través de las cinco etapas del corazón, será como realizarle una cirugía metafórica, ayudando a despertar el verdadero poder de tu corazón para que puedas acceder a más de lo que realmente eres: el Verdadero Ser. En cada etapa aprenderás sobre sabidurías ancestrales y ciencia, que unidas te ayudarán a vivir una vida más centrada en el corazón. Así, podrás avanzar extraordinariamente en tu salud física, mental, emocional y espiritual.

Incluso si te estás enfrentando a circunstancias difíciles en este momento, acceder a la inteligencia de tu corazón puede transformar tu vida. Desbloquear el poder de tu corazón es el secreto para conducir tu día a día con menos estrés y te otorgará la lucidez necesaria para manejar con facilidad e intuición los desafíos que encuentres. Para ser verdaderamente libre, necesitas ver las cosas de manera diferente; de lo contrario, seguirás atrapado,* permitiendo que el miedo persista y te frene.

Tu corazón te mostrará el camino.

Y entonces, también *experimentarás* todo lo que siempre buscaste: mejor salud, más amor, paz, abundancia y luz; más tranquilidad y menos estrés; más confianza y sentimientos de satisfacción. Todo eso estaba dentro de ti desde el principio.

---

* N. del T.: Por razones prácticas, se ha utilizado el masculino genérico en la traducción del libro. La prioridad al traducir ha sido que la lectora y el lector reciban la información de la manera más clara y directa posible.

Capítulo 1

TU BRILLANTE CORAZÓN

Durante la mayor parte de mi vida he sido una pensadora monomaníaca. He mantenido conversaciones conmigo misma, cavilando, juzgando y escudriñando mi vida y a la gente que me rodeaba. Pensaba sin cesar en cómo me veían los demás: *¿encajo?, ¿tengo buen aspecto?, ¿soy lo bastante inteligente?, ¿digo las cosas correctas?* En lugar de escuchar a la gente, me concentraba en discurrir qué les iba a decir una vez que tomaran aire y dejaran de hablar. Reflexionaba acerca de los errores que había cometido en el pasado y planificaba obsesivamente los siguientes pasos que debía dar para poder controlar al máximo los futuros resultados que deseaba.

Imaginaba y especulaba de tal manera que no dormía y, en ocasiones, llegué a sufrir un importante insomnio. Pensar en exceso alimentaba una ansiedad aguda, y mi cuerpo padecía una tensión tan increíble que me provocaba estreñimiento crónico, hinchazón y problemas digestivos, rechinar de dientes, hombros rígidos, cabello débil, acné y otros problemas en la piel, así como todo tipo de dolores, incluyendo el crónico en la cadera y el cuello.

Todos esos pensamientos me agotaban.

No hay duda de que pensar es importante. Para funcionar en la vida, necesitamos pensar, pero si dejamos que el pensamiento se descontrole –si nuestras mentes lideran nuestras vidas–, la confusión, la energía agotadora, la infelicidad, las ideas negativas y la frustración se desbordarán. Nuestras mentes desenfrenadas, nuestros egos desbocados, que a partir de ahora llamaremos simplemente nuestros egos, son como caballos salvajes. Si no se doman, corren enloquecidos por todas partes.

Tu ego puede nutrirte con miles y miles de pensamientos al día, muchos de los cuales no son ciertos, pensamientos como *no estás haciendo lo suficiente*, *no cumples con las expectativas,* y el realmente duro: *no eres lo suficientemente buena*. La mente es importante, pero a menudo ve las cosas de manera lineal, comparativa, cuantificable y con un enfoque paso a paso. Tiene un tipo de inteligencia basada en los hechos, pero esta inteligencia tiene límites.

Lo que muchos de nosotros no sabemos es que, por así decirlo, tenemos otra mente, otro cerebro. Y ese otro cerebro es el corazón. Sé que parece contradictorio, porque si tengo un problema cardíaco no voy al neurólogo, acudo a la consulta del cardiólogo. El corazón bombea; el cerebro piensa.

Pero se publican cada vez más estudios científicos que revelan que el corazón tiene su propia forma de inteligencia, una forma de inteligencia que ofrece una percepción más nítida del mundo que nos rodea y de nuestro mundo interior. **Una inteligencia tan inmensa que, de hecho, es brillante, magnífica y literalmente puede cambiar por completo nuestras vidas si aprendemos a canalizar su poder. Y no solo tenemos un corazón: tenemos cinco corazones. No me refiero a algo físico, como tener dos riñones,** pero hay cinco realidades dentro de nuestros corazones que, una vez que accedas a ellas y las comprendas, cambiarán radicalmente la visión que tienes acerca de todo en tu vida.

Este libro trata sobre cómo trasladar tu vida de la mente al corazón, lo que significa que él, en lugar de tu mente, comenzará a dirigir tu vida. Es como si tu corazón lanzara un lazo alrededor de tu mente salvaje y le dijera que se pusiera en línea, y ella, aunque sigue siendo importante, se alinea con tu corazón, que es todopoderoso. El «lazo» representa lo que es la coherencia del corazón, que es parte de su brillante inteligencia. Esta es la sincronización de la conexión dinámica entre tu corazón, tu cerebro y tu sistema nervioso. Esta poderosa fusión liberará una profunda inteligencia que mejorará cada faceta de tu vida.

En la década de 1990, investigadores del Instituto HeartMath identificaron un estado fisiológico llamado coherencia del ritmo cardíaco o coherencia del corazón, que se da cuando la respiración, la variabilidad de la frecuencia cardíaca (VFC), los ritmos cerebrales y las respuestas hormonales están sincronizados y trabajan de manera armónica. Este estado son los cimientos para mejorar la salud y obtener mayor energía, reduciendo al mínimo las reacciones al estrés y potenciando nuestra intuición, nuestra «sabiduría» directa, ofreciéndonos nuevas soluciones creativas y una mejor toma de decisiones que no podríamos ver solo con nuestra mente. Con la coherencia del corazón se doma ese caballo salvaje, lo que permite un mejor funcionamiento mental; esto incluye mayor concentración, mejor memoria y tiempos de reacción más rápidos.

Aprender a despertar tu corazón y acceder a su increíble poder ha sido calibrado científicamente y se ha demostrado que no solo potencia la salud física, sino también el equilibrio hormonal, la reducción del estrés y el envejecimiento de la piel, el corazón y otros órganos.[1] Esto significa que puedes tener mejores digestiones y controlar tu peso. Pero hay más. Mucho, mucho más.

En este capítulo, exploraremos el lenguaje de tu corazón, lo que realmente significa su extraordinaria inteligencia y por qué siempre puedes confiar en él.

EL PODER DE TU CORAZÓN

¿Sabías que tu corazón tiene su propio sistema nervioso independiente?[2] El corazón contiene cuarenta mil neuronas, o células similares a las del cerebro, que incluyen neuritas sensoriales, las cuales ayudan a recibir y transmitir información. Existe un lenguaje del corazón que ayuda a dirigir tu cerebro y los ritmos de tu cuerpo, y tu corazón envía más mensajes al cerebro de los que este envía al corazón, que, además, crea un campo electromagnético que es cien veces mayor que el generado por tu cerebro. ¿Qué significa, pues, todo esto?

Esto significa que tu corazón no es solo un músculo que bombea sangre por tu cuerpo ni una metáfora del amor sentimental, *es un centro de profunda inteligencia*. Tu corazón también es una especie de cerebro. Es un punto central de acceso a la energía, una puerta a través de la cual puedes experimentar quién eres realmente y tu conexión con el Espíritu y tu yo superior, o como sea que te guste concebirlo.

La ciencia siempre me resultó especialmente interesante porque validaba lo que había estado investigando durante años en mis estudios espirituales. Confirmaba que nuestro corazón –no nuestro cerebro, como nos han hecho creer– es en realidad el aposento central de nuestra inteligencia. Y no una inteligencia «estándar». ¡El corazón contiene un nivel de inteligencia extraordinario, brillante! En cierto modo, la ciencia apuntaba a la espiritualidad, revelando que nuestros corazones son el centro de nuestro poder y que ese poder puede ayudarnos a desbloquear todo lo que buscamos.

¿Cómo *es* la inteligencia del corazón? Es energizante, emocional, mental, espiritual y física. Implica crear una mayor coherencia del corazón, o alineación corazón-cerebro, y acceder a la profunda sabiduría de tu corazón, permitiéndole estar al frente y guiar tu vida. Doc Childre, fundador del Instituto HeartMath, dice: «Imagina la inteligencia del corazón como la circulación de conocimiento, comprensión y guía intuitiva que experimentamos cuando la mente y las emociones se alinean de manera coherente con el corazón».[3]

Eso es exactamente lo que vas a aprender en este libro. Cuanto más te sumerjas en las herramientas y prácticas que se te ofrecen aquí, más te permitirá tu inteligencia del corazón experimentar extraordinarios niveles de intuición, creatividad y fluidez, inteligencia emocional, mejor salud física, una conexión profunda con los demás, relaciones satisfactorias, confianza en ti mismo y rangos profundos de paz y amor.

Es muy práctico. Por ejemplo, puedo afirmar que aplicar el poder de los Cinco Corazones a mi vida devino en una reducción de aproximadamente un noventa por ciento de las discusiones triviales entre mi esposo y yo. En lugar de enzarzarnos en interminables guerras de mensajes de texto ante un comentario banal o negligente pero ofensivo, o cuando dejaba calcetines sucios por todas partes en lugar de ponerlos en el cesto de la ropa (¿te suena familiar?), pude trascender todo ese drama diario, comunicarme de manera efectiva en un nivel completamente nuevo, liberar energía y simplemente disfrutar más del día.

A lo largo del tiempo, el corazón ha vinculado a diferentes religiones, filosofías y tradiciones espirituales. En la versión moderna de la Biblia se menciona 878 veces, en 59 de sus 73 libros. Igualmente, advertimos la relevancia del Sutra del Corazón en el budismo o el Sagrado Corazón de Jesús en el catolicismo. En el Corán islámico, el término *qalb*, que se traduce como 'corazón', aparece 132 veces. En la antigua tradición judía, la Torá habla de la «sabiduría del corazón» y la noción de *Lev*, que se refiere repetidamente al corazón en las instrucciones relacionadas con el Tabernáculo. En el hinduismo y las tradiciones yóguicas, el corazón es la sede del chakra *anahata* que, junto con el ojo espiritual, es el punto central de la conciencia y la conexión con el Espíritu.

En las tradiciones espirituales de todo el mundo, el corazón se entiende como algo más que un simple órgano físico. Se cree que es una puerta de acceso al alma, al Verdadero Ser, a la conexión con el ser más grande o superior, el Espíritu o la Inteligencia Universal. En otras palabras, *el corazón es el lugar central en el que nuestra humanidad y el Espíritu se fusionan*.

Las culturas antiguas de todo el mundo, incluyendo a los babilonios y a los griegos, creían que el corazón era el órgano primordial capaz de influir enlas emociones y la toma de decisiones y dirigirlas. Para los egipcios, el corazón albergaba el pensamiento y el alma. Después de la muerte de una persona, pesaban su corazón para establecer el grado de verdad y justicia en su vida. La piedra angular tanto de la milenaria medicina tradicional china como de la medicina ayurvédica es tomar el pulso del corazón, que se utiliza como la clave para determinar el estado energético y la salud general del cuerpo. Esta visión ha cambiado en los tiempos modernos, con un énfasis en que el cerebro es nuestro órgano más importante.

A lo largo de los siglos, los sabios de todas las antiguas culturas sabían algo que puede beneficiar enormemente a la sociedad moderna: que nuestros corazones son un punto central de poder y sabiduría profunda. Nuestros corazones son más de lo que pensamos que son. Y tienen mucho que enseñarnos.

No es necesario que te integres en ninguna creencia espiritual en particular para beneficiarte de los conocimientos biológicos sobre el corazón que se explican en este libro o para emplear las técnicas respaldadas por la ciencia para fomentar la inteligencia del corazón en tu vida. Sin embargo, si así lo deseas, estas herramientas pueden enriquecer prácticas espirituales como la meditación y la oración. Mi experiencia personal fue que, incluso con años de meditación, acceder a la inteligencia del corazón aumentó de forma considerable la intensidad y el deleite de mi práctica.

Y aparte de aquellos momentos en los que meditas, aprender a canalizar y utilizar el poder de tu corazón significa que puedes sentir y experimentar la paz, el momento presente sin distracciones, el amor y la amabilidad no solo cuando meditas, sino cuando más lo necesitas: en medio de tu ajetreada vida cotidiana.

¿ES DIGNO DE CONFIANZA EL CORAZÓN?

Quizás, de forma intuitiva, siempre hayas sentido el extraordinario poder que alberga tu corazón, pero no sabías cómo aprovecharlo. Tal vez ahora estés pensando: *¡De acuerdo! ¡Muéstrame el camino hacia mi corazón! ¡Siempre lo supe!* O acaso entrar en él te asuste un poco. Algo así como: *No sé si puedo confiar en mi corazón.* Y probablemente tengas razón si lo has relacionado con emociones erráticas, intensas e irracionales. Incluso podrías recordar el tiempo en el que pensaste: *Mi corazón arruinó mi vida. Me enamoré de ese tipo, seguí mi corazón, y fue el peor error de mi existencia*. Así pues, es posible que pienses que el cerebro «racional» es mejor, mientras que el corazón es sentimental y, por tanto, no es de fiar.

Lo opuesto es cierto. El ego, o la mente, coloca su identidad en el «pequeño yo» o yo limitado. El pequeño yo es la forma limitada y superficial que tiene la mente de ver las cosas, lo cual a menudo hace que nos sintamos fraccionados (lo contrario a lo completo) en nuestro interior, como si estuviéramos rotos y con una necesidad urgente de ser reparados o de ser «mejores» de lo que ya somos. El ego es incapaz de ver más allá, y no podemos hacer que lo haga. Debemos acudir a un lugar diferente para encontrar la solución.

El verdadero problema no somos nosotros, sino el hecho de creer en el caballo salvaje de nuestra mente y todos sus pensamientos, los cuales generan convicciones restringidas. Estas creencias podrían decirte que no formas parte de nada, que debes competir agresivamente o que el éxito de otro disminuye el tuyo. Podrían provocar que te estuvieras comparando constantemente con los demás, concibiendo una sensación de separación y una mentalidad divisoria de «menos que» o «más que». Para enfrentarnos a todo esto, con frecuencia desarrollamos, como mecanismos de protección, firmes apegos o aversiones, tales como*: necesito a esta persona para sentirme amado y estar bien; no puedo perder este trabajo o será un desastre para mí*. O, si *sigo soltero a mis cuarenta* (o *continúo con casi diez kilos de más* o *no gano X cantidad como salario,* o lo que sea), *seguro, soy una calamidad.*

Todas estas ideas no solo son infundadas, sino que también pueden ser perjudiciales para tu salud y tu paz mental, porque desencadenan emociones turbulentas, como la ira, el miedo, el deseo, la preocupación, la obsesión, los celos y la frustración, que alteran el equilibrio dentro de tu cuerpo, desatando el caos en tus órganos y tus sistemas, lo que disminuye tu calidad de vida. Todas estas emociones y comportamientos provienen del ego, no del corazón.

Es hora de dejar de regalar nuestro poder. Es hora de dejar de agotar nuestra salud y vivir una existencia confusa, ansiosa y mediocre. El problema hasta este momento es que la mente del ego ha estado dirigiendo el espectáculo (tu vida), sin control (imagina un caballo salvaje pisoteando hermosas flores y rompiendo las cercas). La solución se encuentra, lo adivinaste, en tu corazón.

Solo al despertar tu corazón puedes darte cuenta de la verdad de quién eres realmente, más allá de todas las creencias limitantes de la mente egoica. Y experimentar esa verdad, que es exactamente lo que los Cinco Corazones te ayudarán a lograr, cambiará toda tu vida.

Puntos clave de tu Brillante Corazón

- El brillo del corazón, un tipo de inteligencia de fuerte energía, se refiere a un poder desaprovechado más allá de la función biológica del corazón, que incluye la ciencia de la coherencia del corazón, o la comunicación corazón-cerebro, y el desarrollo de la sabiduría intuitiva del corazón.
- Despertar la brillante inteligencia de tu corazón transformará tu salud física, tu confianza, tus relaciones y tu resiliencia emocional, y expandirá en gran medida la abundancia, el éxito, la paz interior y la plenitud a lo largo de toda tu vida.
- El corazón es una especie de cerebro y contiene cuarenta mil neuronas, o células similares a las cerebrales. El corazón envía más mensajes al cerebro que el cerebro al corazón.

- El corazón es lo que conecta las culturas ancestrales, las tradiciones espirituales y todas las principales religiones del mundo.

En el próximo capítulo, hablaremos acerca de los Cinco Corazones, las etapas de la coherencia del corazón y el despertar que todos atravesamos en nuestro viaje para liberar el poder de nuestro corazón.

¡Continuemos!

Capítulo 2

LOS CINCO CORAZONES

La manera en que accedemos al extraordinario poder e inteligencia de nuestro corazón se produce en cinco etapas: los Cinco Corazones. En cada una de ellas, experimentas una realidad completamente diferente.

Conforme vayas progresando en esas cinco etapas, poco a poco serás capaz de lograr grandes avances en tu vida, tales como sentirte en paz contigo mismo, superar los pensamientos estresantes, encontrar pareja (o, si ya la tienes, profundizar tu relación con ella), conseguir significativos saltos cuánticos de éxito en tu carrera profesional y crear armonía en tu familia. Lo que separa cada etapa es el grado en el que se libera la inteligencia innata de tu corazón.

TU REALIDAD INTERIOR CAMBIARÁ TU REALIDAD EXTERIOR

Nuestro viaje a través de las cinco etapas del corazón es una interpretación moderna inspirada en las enseñanzas de Sri Yukteswar,* aunque todas las seculares tradiciones espirituales contienen enseñanzas sobre el corazón. Sri Yukteswar fue un místico de penetrante sabiduría y comprensión del antiguo conocimiento védico, la sabiduría antigua contenida en los Vedas, los textos sagrados del hinduismo, que trazó una guía sobre estas cinco etapas para proporcionarnos una visión: la del mapa que nos permitiera comprender todo el potencial de nuestro corazón, con la finalidad de tener la certeza de quiénes somos en realidad. Estas etapas también se corresponden con la ciencia de la coherencia del corazón, comenzando con la primera, donde experimentamos la incoherencia, hasta llegar progresivamente a la armonía corazón-cerebro en la última.

A medida que emprendemos esta aventura juntos, es realmente importante leer las etapas en orden cronológico para entender mejor el viaje del corazón en su totalidad. Algunas las podemos sentir como ajenas, lo cual está bien. No importa con que etapa te identifiques en este momento, te animo a explorar las enseñanzas y prácticas de todas, porque incluso una sola revelación, una sola comprensión, puede sembrar una semilla en ti que te lleve a una intensa transformación y al crecimiento personal.

* N. de la A.: Sri Yukteswar originalmente se refería a la quinta etapa del corazón como el Corazón Limpio. En mi interpretación moderna, decidí cambiar el nombre de esta etapa por el de Corazón Claro porque creo que esta expresión transmite mejor, en un contexto actual, la esencia de esta etapa del corazón.

Recuerda, tu camino para despertar tu extraordinario corazón será únicamente para ti. Nadie más recorrerá uno igual, y no será en línea directa, como seguir un manual de instrucciones para un dispositivo electrónico, que es lo que la mente prefiere; no es así como funciona el corazón.

El corazón trabaja de una manera completamente dinámica. Prepárate para las pausas, para los momentos en los que sientas que no avanzas, mientras tu corazón se emplea en liberar un antiguo y arraigado modelo que no está en alineación con quien realmente eres. Por ejemplo, puedes despertar y darte cuenta de tu conducta complaciente, de cómo te saboteas a ti mismo al rechazar buenas oportunidades o amores positivos, porque en lo más profundo de ti no sientes que te mereces lo mejor; o tal vez intentas ejercer el control, resistirte a cualquier intimidad, depender excesivamente de la comida para sentirte aliviado, aferrarte al resentimiento o a cualquier pauta que te esté frenando en tu vida. Y, sin embargo, estos comportamientos pueden seguir ocurriendo por un tiempo, hasta que estés listo para seguir a tu corazón y finalmente dejarlos ir.

Asimismo, es necesario que sepas que en cualquier ocasión puedes experimentar saltos cuánticos, momentos en los que, en un segundo, tu corazón te muestra el camino hacia una realidad o un paisaje totalmente nuevos. En cualquier caso, no compares tu camino con el de los demás. No hay ninguna necesidad de hacer esto nunca.

Todos los corazones son iguales, y cada uno está en su propio camino. Confía en el proceso.

Es posible que una etapa del corazón sea la que te resuene, la que te impacte de manera predominante, pero también podrías titubear entre varias de ellas. Esta fluidez es completamente natural. No se trata de regresión, sino de ir soltando ininterrumpidamente lo que no está en alineación con quien realmente eres. No hay urgencia en avanzar de una etapa a otra, y no es necesario forzar la apertura de tu corazón.

Por ejemplo, he pasado gran parte de mi vida en el Corazón Impulsado, que es la etapa 2, y ahora tengo muchos momentos y largos períodos en los que aprecio el vasto y absoluto amor que encierra el Corazón Leal, que es la etapa 4. Y, sin embargo, en profundizar más en el Corazón Estable, que es la etapa 3, y estar entre esas dos etapas, es donde hoy radica mi trabajo personal. Una vez más, los Cinco Corazones no son necesariamente lineales. Sin embargo, sé que cuanto más expanda mi Corazón Estable, más experimentaré la dicha característica de las etapas del Corazón Leal y el Corazón Claro.

He tenido un pasado difícil por identificarme con mis logros, con las etiquetas estereotipadas en general, y con no sentirme lo suficientemente idónea. Las pautas arraigadas se remodelan a su propio ritmo y manera. Y así, a veces, todavía me siento inestable por las que las desencadenan, especialmente las referentes a esos temas. En una conferencia reciente, al otro lado del pasillo, se estaba dando otra charla, y no pude evitar comprobar si tenía más asistentes que la mía. Aunque la sala donde me encontraba estaba bastante llena, no dejaba de darle vueltas a tal posibilidad. Sentí un destello de duda: *¿A alguien realmente le importa de qué hablo?* Y esos pensamientos turbadores, al principio, me desconcertaron. Me recuperé y pude volver a mi camino después de hacer la práctica HeartAlign para la estabilidad vital, y esto lo logré justo allí mismo, en el escenario (de lo cual hablaré después). Pero todavía estaban frente a mí, todavía de alguna forma, *dentro* de mí, la comparación y el autojuicio. Las mismas cualidades del «Corazón Inestable» si escribiera un capítulo titulado así.

Quizás el mayor autojuicio que experimenté fue durante un período de Corazón Oscuro, que es la etapa 1, después de que mi madre falleciera. Fue algo repentino (solo seis semanas después de que le diagnosticaran un cáncer), y la vida comenzó a tambalearse bajo mis pies. Estaba muy preocupada por cómo esa pérdida afectaría a mi padre. Pero, además, todo ello provocó la aparición de otras inestabilidades, como en la relación con mi pareja, que no solo no estaba avanzando, sino que nos íbamos alejando cada vez más. Durante un tiempo, no quería reconocer la distancia que había ido creciendo entre nosotros, hasta que no la pude negar. Después de la muerte de mi madre, cuando nuestro bebé tenía alrededor de un año y medio, me mudé. Y luego me definí con una identidad singular, empapada del más despectivo autojuicio: *madre soltera*. Por supuesto que no hay nada de malo en ser madre soltera, pero qué de historias y basura me decía a mí misma sobre lo que eso significaba. En mi mente egoica, me decía que no podía mantener una pareja o una familia. Lo traduje en que yo era un desastre, un fracaso que no merecía amor.

Hace más de siete años que ocurrió este abismo de tristeza que te cuento. En los capítulos siguientes, también compartiré contigo algunas historias sobre cómo conocí y me uní a mi esposo, el amor de mi vida y la demostración palpable de que el fecundo amor es posible en cualquier momento de nuestra existencia. En realidad, siempre fui digna de amor, como todos nosotros; solo tenía que darme cuenta de ello. He ensanchado mucho más mi Corazón Estable. Eso no significa que, en ocasiones, no sea insegura, porque como acabo de mencionar, todavía siento esas oleadas de dudas que estoy trabajando en superar. Pero esas olas son cada vez más suaves y aparecen con *menor* frecuencia. Y regreso más rápido. Estas mismas prácticas que compartiré a lo largo de los capítulos han sido transformadoras para mí, y espero que también lo sean para ti.

El proceso de expandir la brillante inteligencia de tu corazón también se desarrollará a su propio ritmo. Sin embargo, al profundizar tu conciencia de cada etapa y practicar el sistema HeartAlign que se ofrece a lo largo del libro, ayudarás enormemente al continuo despertar de tu corazón.

Al final de cada capítulo encontrarás una sección para encarnar el corazón, con consejos prácticos de estilo de vida para apoyar aún más el despertar. Estas secciones incluyen sugerencias de alimentación, prácticas diarias y otras herramientas. Eres tanto forma como energía no visible (en realidad, todo es un continuo de energía), y todo está conectado, por lo que estas prácticas de estilo de vida holístico serán enormemente útiles para liberar también tu corazón.

Antes de continuar, quiero describirte los Cinco Corazones y ofrecerte una introducción a lo que expondré en las páginas siguientes.

ETAPA 1: EL CORAZÓN OSCURO - INCOHERENCIA

Esta es una etapa de desconexión de tu corazón. A menudo se traduce en sentirse estresado, frustrado, asustado y muy confuso, con falta de conciencia, separación de los demás, sobrecarga, conductas o emociones negativas, o incluso de una total insensibilidad. Esta etapa corresponde a la incoherencia, un estado en el que el corazón y el cerebro no están en comunicación. Esto se manifiesta en patrones desordenados y caóticos del ritmo cardíaco.

Por perdido que te sientas, como todos nos sentimos en algún momento, tu centro del corazón sigue ahí y se puede alimentar de nuevo. El Corazón Oscuro es un punto de partida que impulsa hacia delante mediante una mayor autoconciencia y crecimiento gracias a los desafíos. También es una etapa que puedes experimentar en algunos períodos de tu vida o a la que puedes regresar en cualquier momento, a medida que surgen las viejas identificaciones, las desilusiones o falsas ideas que deben ser liberadas.

ETAPA 2: EL CORAZÓN IMPULSADO - INICIO DE LA COHERENCIA

En esta etapa, el corazón ha comenzado a abrirse, y puedes sentir el acceso a mucha más energía. Abrir el corazón es mucho más que ser amable o expresar emociones, es un acto profundo de rendición y confianza en la vida. Esta etapa se caracteriza por la búsqueda de significado y autenticidad en tu existencia, lo que te impulsa a la acción, ya sea mejorar tu estado físico, adoptar una dieta o estilo de vida más saludable o avanzar en tu carrera. Es el comienzo de la coherencia, lo que significa que el corazón y el cerebro están en mejor comunicación.

Sin embargo, en esta etapa hay una gran tendencia a pensar demasiado, lo que con frecuencia ahoga la sabiduría más sutil e intuitiva del corazón. Esto lleva a la inquietud, el estrés, la ansiedad y el agotamiento. Otros obstáculos de esta etapa incluyen el orgullo y un sentido rígido de lo que es el «camino correcto», ya que la búsqueda de significado a menudo se integra en creencias personales, ideas y opiniones. Un enfoque importante en esta etapa es ser más resiliente frente al estrés y crear una mayor armonía con cada momento de la vida.

ETAPA 3: EL CORAZÓN ESTABLE - COHERENCIA Y CONEXIÓN

Esta es la primera etapa en la que el corazón comienza a guiar tu vida en lugar del ego, lo que genera una sensación de estabilidad interna y conexión con tu centro interior. La seguridad de que puedes ser estable crece, sin importar lo que esté sucediendo a tu alrededor, y tus pensamientos, sentimientos y sensaciones físicas no tienen por qué convertirse en tu identidad. Comienzas a desprenderte de lo accesorio y de la necesidad de controlar la vida.

Descubres más resiliencia frente a los desafíos vitales, y las circunstancias que te rodean y con las que convives parecen fluir mejor cuando *estás* en tu centro. Experimentas una mayor conciencia a medida que se crea más armonía, o *sincronización*, entre el corazón, el cerebro y el sistema nervioso. El objetivo principal en esta etapa es crear una inteligencia emocional, la cual tiene sus raíces en la inteligencia del corazón y aumenta la prosperidad y el éxito en todas las áreas de tu vida.

ETAPA 4: EL CORAZÓN LEAL - INTUICIÓN Y PERDÓN

Esta es una importante etapa del despertar del corazón, un espacio en el que se liberan una gran paz y una enorme alegría. Te vuelves más incondicional y compenetrado con el mundo interior que con el fluctuante mundo exterior. La intuición, o conocimiento directo o percepción, surge por lo fuerte que es la conexión interna. Esta suma de elevada inteligencia del corazón y elevada coherencia abre la puerta a una amplia gama de soluciones que antes no estaban disponibles.

El extraordinario poder del amor incondicional y las demás cualidades del corazón, como la serenidad, la empatía, la gratitud y la preocupación por los otros, emergen como las energías dominantes en tu vida. El servicio a los demás, simplemente aportando al mundo más paz y amor, se convierte en lo principal. Las preocupaciones de nuestra mente se disuelven en gran medida gracias a la inteligencia expansiva del corazón, la coherencia y la alineación del poder corazón-cerebro. Sigues experimentando un mayor bienestar en tu vida a medida que continúas desprendiéndote, perdonando y dejando ir lo que no es del corazón.

ETAPA 5: EL CORAZÓN CLARO - ARMONÍA CORAZÓN-CEREBRO

Esta es una etapa de unidad, de profunda conexión contigo mismo y con los demás, y de una paz interior imperturbable. El corazón y el cerebro se convierten en una unidad y se fusionan en el nivel más elevado de la armonía corazón-cerebro y en una integración fluida de la inteligencia del corazón y la función cerebral. Las mejores cualidades del corazón brotan con transparencia, plena y constante, incluyendo la compasión, el sosiego, el cuidado, la estima, el amor y la dicha. Esta etapa nos permite llegar no solo al rango más elevado de creatividad, innovación y conocimiento intuitivo, sino también a grandes conexiones e incluso hasta lo aparentemente milagroso.

UNA SOCIEDAD NUEVA CENTRADA EN EL CORAZÓN

Los Cinco Corazones se aplican tanto a cada uno de nosotros como individuos como al colectivo en su conjunto. Abrir tu corazón y despertar su poder no es una merced solo para ti. Al conectar con las enseñanzas y prácticas de este libro para despertar tu corazón, ten la seguridad de que experimentarás enormes beneficios en tu vida; sin embargo, más allá de tu propio provecho, debemos reconocer que somos parte de un todo más grande y profundamente vinculado.

Cuantos más corazones despierten hacia la inteligencia del corazón, más se formará y se modelará una nueva sociedad. Una sociedad más despierta al corazón, que funciona con mayor armonía, unidad, amabilidad y compasión, y con más amor y aprecio por nosotros mismos y por los demás. La división y la separación se transforman en conciliación y colaboración. Puede parecer utópico, y ciertamente lo es, pero también es posible un único corazón.

Sabemos qué sucede cuando una gran parte de la sociedad está en el Corazón Oscuro. ¿Cómo sería si esta entrara en una nueva etapa del corazón, en la que cada persona, como individuo que la integrara, y todos los miembros de ella como colectividad tuvieran más inteligencia del corazón?

Cada uno de nosotros puede ser –y puede difundir– un movimiento basado en el corazón, promoviendo más unión, tolerancia y armonía en toda la sociedad.

Al despertar tu corazón y conectar con su inteligencia, cambiarás tu vida y abrirás un canal para ayudar a otros a actuar de la misma manera. Comienza creando una vida basada en el corazón dentro de tu hogar y de tu familia, ampliándola en tus círculos más cercanos: hijos, amigos, vecinos y colegas, y a partir de ahí déjala fluir. Al despertar tu propio corazón, influirás en innumerables personas. Como dijo Paramahansa Yogananda: «Reforma tu ser y reformarás a miles».[4]

Se abre un nuevo tiempo. Un tiempo de despertar del corazón que lo transformará todo. Tú eres parte de ello. Yo soy parte de ello. Todos somos parte de ello.

Comencemos el viaje de toda una vida. El viaje para encontrar tu centro. El viaje hacia tu propio y extraordinario corazón.

Puntos clave de los Cinco Corazones

- Hay que liberar las cinco etapas para despertar por completo la brillantez de tu corazón.
- Estas etapas se inspiran en la obra del gran místico del yoga Sri Yukteswar, y cada una de ellas corresponde a la ciencia de la coherencia del corazón (desde la incoherencia hasta la armonía corazón-cerebro).
- Cuanto más despertamos nuestros corazones, más podemos cambiar nuestras vidas y contribuir a una sociedad más cimentada en el corazón, comenzando con quienes nos rodean.

Una vez que hemos establecido una comprensión fundamental de la inteligencia del corazón y sus cinco etapas, estamos listos para profundizar más.

Ahora exploremos la primera etapa, el Corazón Oscuro.

Capítulo 3

ETAPA 1

EL CORAZÓN OSCURO: INCOHERENCIA

La oscuridad parece sombría, y quizás también un poco siniestra. Sin embargo, no me refiero a ella como algo *malo*, sino como al tipo de oscuridad en la que no puedes ver claramente. Imagina intentar cruzar una habitación sin luz. Puedes tropezar con una mesa, golpearte la rodilla contra un mueble y derribar algunos jarrones y lámparas. No es culpa tuya que haya ocurrido tal desastre: no puedes ver a dónde vas.

Cuando nos encontramos en la etapa del Corazón Oscuro, estamos desconectados de nuestro corazón y no podemos vernos –ni ver la vida– con nitidez. Estos períodos pueden durar desde un instante hasta días, semanas o incluso más. Con frecuencia, brotan la confusión y la frustración porque quien dirige nuestra existencia es el ego, la mente desenfrenada y que piensa en exceso (¡ese caballo salvaje e indomable!). Sri Yukteswar dice sobre esta etapa: «En el estado oscuro del corazón, el hombre alberga ideas equivocadas (sobre todas las cosas)».[5]

Esto significa incoherencia, que quiere decir que, la mayoría de las veces, es tu cabeza la que habla en lugar de que el corazón y el cerebro se comuniquen, lo cual puede hacer que te sientas atrapado en intensas emociones –autocrítica, miedo, ira, culpa y frustración–, así como en pensamientos lúgubres, como que no eres lo suficientemente bueno, pensamientos en los que puedes creer si no tienes la conexión vital con la luz del corazón. Pero son completamente falsos, aunque los puedes sentir como verdaderos cuando estás en esta etapa.

Puede ser algo forzado o falso tratar de parecer optimista y positivo cuando te encuentras pesimista y negativo. Por eso muchos programas de motivación suenan geniales, pero no funcionan demasiado bien a largo plazo, porque intentar generar pensamientos positivos no llega a la raíz de la desconexión. Se requiere un cambio interno, del ego al corazón, para que sea este el que guíe nuestra vida, de modo que podamos llevar luz a la oscuridad. Una vez que comprendemos esto, podemos empezar a trabajar en hacer ese cambio, comenzando hoy.

RECONECTAR CON EL CORAZÓN Y EL CRECIMIENTO MEDIANTE LOS DESAFÍOS

Como la mayoría de la gente, a lo largo de mi vida, he pasado por muchas etapas del Corazón Oscuro, en algunas de las cuales bebía hasta el punto de desmayarme y entraba literalmente en la oscuridad. Fue durante mi paso por la universidad y el objetivo era enmascarar y calmar la gran ansiedad y las inseguridades en que estaba sumida. En el instituto, me sentía tan desligada de mí misma y de mis sentimientos que pasé por la horrible experiencia de la bulimia, vomitando constantemente. No podía «digerir» la vida.

Hubo oscuridad cuando mi madre falleció de repente y sentí que no había nada en lo que confiar. Y como mencioné antes, pasé por una etapa del Corazón Oscuro cuando me convertí en madre soltera por un tiempo. No era la vida que imaginaba ni quería, y temía que pudiera estar sola para siempre. He atravesado «noches oscuras del alma», sintiendo una profunda confusión y angustia interna, incluso cuando mi existencia parecía perfecta para los demás.

Al leer esto, es posible que te vengan a la mente algunos de tus propios momentos oscuros. Momentos en los que te sentiste frustrado o simplemente abatido. Tal vez tu plomizo estado de ánimo se reflejaba en un exceso de peso. Tal vez te sentías agobiado por las muchas responsabilidades de la vida: cuidar de los hijos y los padres mayores, o intentar encontrar un trabajo que realmente te gustase mientras luchabas por pagar las facturas. Tal vez sentías oscuridad y mucha confusión, pero no querías contárselo a nadie, así que ponías una cara feliz.

Recuerda, no importa lo perdido o solo que te sientas, el poder de tu corazón sigue ahí, siempre presente y esperando emerger en tu vida. Este libro te ofrece las herramientas para ayudarte a reconectar con este poder innato. (Si alguna vez te encuentras luchando denodadamente, es esencial que también busques consejo y apoyo profesional).

Poco a poco, aprenderás a empezar a centrarte en la luz de tu propio corazón. No es apartando la oscuridad como la disipamos, sino trayendo la luz. Paramahansa Yogananda dijo: «Trae la luz y sentirás que la oscuridad nunca existió».[6]

LA OSCURIDAD ES UNA GRAN MAESTRA

Superar cada período del Corazón Oscuro puede llevar a un crecimiento increíble. Sé que esto es cierto por mi propia experiencia vital. El potencial del Corazón Oscuro es ser un gran maestro que nos muestra cómo regresar a nuestro centro para vivir la vida desde el lugar en el que sentirnos completos, la verdad de quienes realmente somos. Podemos elegir vencer los problemas y abrir aún más nuestros corazones, o podemos quedarnos en la oscuridad más tiempo. Y nuestros corazones esperarán hasta que estemos listos.

Cuando nos encontramos en el Corazón Oscuro, Sri Yukteswar dice: «Solo se pueden aprehender las ideas del mundo físico».[7] Nos metemos en problemas si creemos que solo lo que podemos ver con nuestros ojos es real. Eso es un gran error. ¿Por qué? Porque entonces podríamos mirar nuestra cuenta bancaria o nuestras circunstancias vitales y creer que la vida es muy dura y difícil, que tal vez sería mejor que nos rindiéramos.

Pero, en realidad, todo lo que vemos con nuestros ojos físicos fue creado en el pasado. Para avanzar, para salir de la oscuridad, debemos empezar a conectar con la energía que llevamos dentro que construirá nuestra vida en el futuro.

Imagina que te enamoras del perrito más encantador del refugio, que cada vez que lo ves hace que te sientas completamente feliz y lleno de amor. No te importaría nada que estuviera cojito, bizco o le faltara parte de una oreja, ¿a qué no? ¿Por qué? Porque sientes con él una conexión que va más allá de lo físico, una conexión a un nivel más profundo. No ves sus deficiencias, solo ves amor. Esto es exactamente lo que debes hacer contigo. Si ahora sientes tu vida como un perrito cojo, debes empezar a conectar con el poder y la energía que están justo en ti, bajo la superficie.

Aunque no podemos ver nuestra inteligencia del corazón, podemos conectarnos con ella. ¿Pero cómo lo hacemos? Debemos ir más allá de la mente lineal, más allá de permitir que mande la mente descontrolada, y decidir que ya es suficiente y trasladarnos a un lugar mucho más profundo. Ese lugar es tu corazón, donde puedes acceder a tu Verdadero Ser. Y es bastante sencillo hacerlo. Al cambiar tu enfoque hacia tu corazón, atraviesas una puerta hacia un recóndito paraje de presencia y comprensión, y trasciendes la superficie agitada de la vida.

Lo relevante de nuestro trabajo en este libro para desbloquear el poder de tu corazón es que no tienes que confiar en mí ni creerme porque yo lo digo. Vas a empezar a *experimentarlo* por ti mismo. Y a medida que aprendas a abrir tu corazón primero y a ir más allá del mundo físico, este se transformará. Así es como funciona.

Práctica fundamental: cambio de corazón

Es posible que te hayas desconectado de tu corazón, de tu centro, y por lo tanto te hayas sentido perdido, que no sepas quién eres realmente. Aunque se puede sobrevivir en un estado de ausencia cerebral, en coma o mediante soporte vital, nadie puede sobrevivir sin un corazón. *No hay vida sin corazón.* Desde el punto de vista físico, esto es cierto, pero todavía hay muchas personas que transitan por su existencia desconectadas de su corazón, por lo que no están vivas, ni emocional ni energéticamente. Cortar con la inteligencia del corazón puede crear una obstrucción tan importante que te impida sentirte verdaderamente vivo y lleno de alegría.

Cualquiera que sea tu caso, es hora de volver a conectarte con tu centro de poder, que es tu increíble corazón, o de profundizar aún más en esa conexión. Recuerda: no importa lo desligado que te sientas de tu corazón en este momento, la conexión puede ser reavivada.

A medida que empieces a hacer el cambio deliberado hacia tu corazón y a salir de tu mente, que es lo que vamos a comenzar a realizar en esta práctica, verás lo distinto que te sientes en tu cuerpo y la diferencia con que experimentas tus percepciones. Una investigación publicada por Rollin McCraty, PhD, del HeartMath Institute, y sus colegas en el *American Journal of Cardiology* encontró que al cambiar la conciencia hacia el corazón, se mejora la comunicación entre este y el cerebro,[8] se ayuda a equilibrar el sistema nervioso, se aumenta la eficiencia cardiovascular y se aporta más coherencia a las emociones y la mente.[9]

¿Te puedes dar cuenta de lo potente y *sencillo* que es esto? Todo este extraordinario poder está dentro de tu corazón. Es una elección que tomas, y la adoptas al cambiar tu enfoque una y otra vez hacia él. Vamos a trabajar en este cambio en las otras prácticas de HeartAlign que aprenderás a lo largo del libro.

Comencemos a reconectar con estos tres pasos:

1. **Dirige toda tu atención a tu corazón.** Con los ojos cerrados, dirige toda tu atención al centro de tu corazón (si te ayuda, puedes poner las manos sobre él) y comienza a conectar con tu increíble corazón. Al concentrar intencionadamente tu enfoque y tu conciencia en él, activas su poder y su

vasta inteligencia para empezar a despertar en tu vida, justo en este mismo momento.

2. **Quédate en esta posición durante un minuto (o más).**
3. **Crea una conciencia de lo que intuitivamente sientes y percibes.** Toma nota de lo que sucede cuando diriges tu conciencia a tu corazón. ¿Te sientes más sereno, más efusivo, sientes que estás bajando el ritmo? ¿Surgen algunas emociones en ti?

En última instancia, no hay respuestas correctas o incorrectas. De lo que trata esta práctica es de que te reconectes con el centro de tu increíble corazón y de revitalizar esta conexión tan importante. Hay una enorme cantidad de sabiduría y de poder latente ahí. Parece increíble porque realmente lo es ¿Puedes empezar a conectarte con todo ello? Quizás sí, tal vez aún no; está bien de cualquier manera. Es un proceso, y solo tienes que permitirte emprender el viaje y seguir sintonizando hacia tu interior.

Puedes realizar esta práctica en cualquier momento, sentado en tu despacho en un día de trabajo frenético o en el borde de la bañera después de ducharte, para hacer un chequeo y generar una mayor conciencia de ti mismo y de tu corazón en el momento presente.

EL PODER DE LA COHERENCIA DEL CORAZÓN

Imagina que estás hablando con un amigo y mantenéis una conversación en la que experimentas una sensación natural y armoniosa, y te sientes a la vez relajado y pletórico e inspirado por el intercambio. Compara esto con una conversación tensa, donde tú y la otra persona estáis constantemente interrumpiéndoos y hablando a la vez. Te sientes enfadado y molesto, ni siquiera os miráis ni os escucháis. El primer ejemplo de conversación, formidable y en sintonía, es la coherencia, y los dos amigos son –lo adivinaste– tu corazón y tu cerebro. Realmente pueden ser grandes aliados una vez que empiezan a hablarse. La segunda conversación es una conversación incoherente. Y todos sabemos que tener esas conversaciones frustrantes es horrible.

La coherencia es la sincronización o la alineación de los sistemas dentro de tu cuerpo. Te conviertes en una máquina ajustada, donde todo está funcionando de la mejor manera posible. La coherencia debe comenzar con tu corazón, ya que es el oscilador biológico más fuerte, o el que marca el ritmo, en el cuerpo.

Cuando activas el poder de tu corazón, se crea una comunicación más alineada entre este, tu cerebro y tu sistema nervioso, lo que facilita una mejor comunicación con el resto del cuerpo. *Con tu cerebro y tu corazón en sintonía, tu salud general y tu rendimiento corporal mejoran de manera significativa.*

Imagina nadar hacia la orilla opuesta de un río con un braceo recto y suave. Compara eso con la energía que tienes que perder si de repente te encuentras con una gran roca que debes sortear, te detienes, flotas para quitar el agua de tus gafas e incluso es necesario que retrocedas porque nadaste en dirección equivocada.

La coherencia del corazón es como nadar suave y naturalmente a través del río, un nadar eficaz y claro. La incoherencia es como esa natación ineficiente en la que se desperdicia tanta energía. Cuanto más coherente te vuelves, comenzando con tu corazón y fluyendo hacia fuera, de más energía dispones para mantener tu salud física: tienes más vitalidad y tus órganos están menos sobrecargados. Todos los sistemas, incluidos el digestivo y el inmunitario, funcionan mejor.

La coherencia es una parte fundamental para acceder a la inteligencia de tu corazón, y puede medirse físicamente, como lo muestran las pautas suaves y rítmicas en la variabilidad de tu ritmo cardíaco. (Si estás interesado, puedes medir y aprender a aumentar la coherencia de tu corazón en tiempo real con una aplicación y sensor de coherencia cardíaca. Consulta la sección «Recursos»). Cuando te sientes coherente, te encuentras tranquilo, lúcido, centrado, intuitivo, exultante y en sintonía contigo mismo y con el mundo que te rodea. Puedes ver en los siguientes gráficos que cuando te domina la emoción incoherente de la ira, los ritmos de tu corazón (el patrón de la VRC) son caóticos y desordenados. Este caos, lamentablemente, se transmite a todos los sistemas de tu cuerpo.

Por otro lado, cuando sientes emociones coherentes y serenas como la gratitud y la atención, los ritmos de tu corazón son suaves y ordenados. Y esto también se refleja en el cuerpo, en un fluir suave y ordenado.

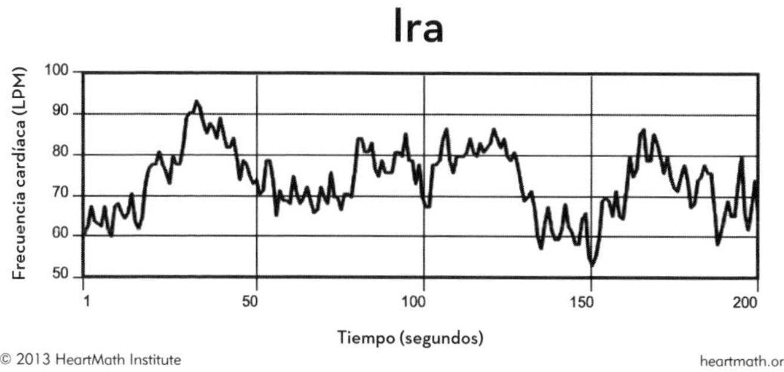

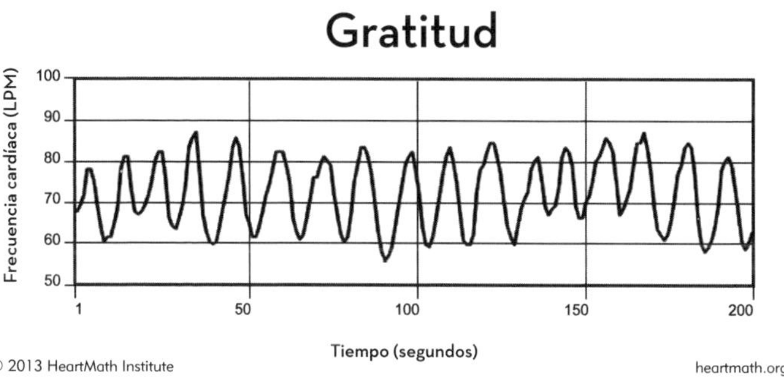

Cambios en los patrones de ritmo cardíaco antes y después de participar en la coherencia, utilizando herramientas para autogenerar emociones positivas (en este caso, la gratitud o el agradecimiento). Medido por los sujetos en los estudios de investigación de HeartMath. (Cortesía del HeartMath Institute, 2024).

Coherencia del corazón

La coherencia cardíaca ocurre cuando el patrón de tu frecuencia cardíaca es rítmico, suave y eficiente. La coherencia crea una comunicación fluida y eficaz hacia tu cerebro. Para tomar las mejores decisiones cada día y rendir al máximo, tu corazón y tu cerebro deben estar armonizados. El resto de los sistemas de tu cuerpo, incluido el sistema nervioso, se vuelven más eficientes. Esto da como resultado una máxima energía y eficiencia, nitidez, pensamientos más ágiles y una mayor sensación de conexión contigo mismo y con los demás.

Activando la Inteligencia del corazón mediante la coherencia
+
Gestionando tu mente
+
Gestionando tus emociones

=

Eficiencia energética
Mejor salud física
Mayor conciencia
Mayor productividad
Más claridad mental, calma y paz
Mayor acceso a la intuición
Acceso a las emociones del corazón a voluntad (aprecio, amor, compasión y alegría)

LA COHERENCIA CARDÍACA ES LA RAÍZ DE LA CALMA, EL SENTIDO COMÚN Y EL PENSAMIENTO POSITIVO

Por enormes que sean los beneficios para tu cuerpo físico, la coherencia, sin embargo, es mucho más. Es un estado del ser. A medida que te vas sincronizando con tu cuerpo mediante las prácticas de este libro, te acompasas más con el mundo que te rodea, lo que significa que eres capaz de tomar mejores decisiones y tener más conciencia. Comienzas a ver más, en el sentido de una comprensión más profunda.

Es como si las luces de una oscura habitación una a una se encendieran. Cuanto más coherentes nos volvemos, y conseguimos serlo durante períodos más largos y con mayor frecuencia, más luces se encienden. Dado que todo en tu vida se crea de dentro hacia fuera, esta armonía interior fluirá de tu cuerpo y se convertirá en más armonía y éxito a lo largo de toda tu vida. Asimismo significa que, en tu trabajo o en tus relaciones actuales, serás capaz de ver más, lo que podría suponer también que generarás algunas ideas nuevas e importantes para crear un proyecto laboral completamente diferente a todo lo que hayas hecho. O, en las relaciones con tu suegra, tu madre o tu pareja, de pronto verás de dónde vienen y te sentirás mucho más conectado, en lugar de separado de ellas. Es como quitarse una venda en los ojos que no sabías que llevabas.

La coherencia cardíaca te ayudará a crear más paz y alegría en tu vida, y eso significa algo muy importante:

permanecer aquí y en este momento. Tanto si nos damos cuenta como si no, los acontecimientos pasados y los viejos recuerdos emocionales se reconocen en la amígdala de tu cerebro y pueden traer el dolor y el miedo del pasado al presente. Esto lleva a la reactividad, a pensar en exceso (que agota la energía) y a la tendencia a darles un significado excesivo a las cosas.

Con el tiempo, el corazón será más capaz de atrapar a la mente y llevarla hacia más claridad, coherencia y concentración. Tus pensamientos se volverán más ágiles y positivos. Los patrones de comunicación entre las células de tu cerebro y tu corazón pueden reconfigurarse, lo que se conoce como neuroplasticidad (esto normalmente se piensa solo en términos de células cerebrales, pero también se aplica a la comunicación entre el cerebro y el corazón, ya que, en este, hay cuarenta mil neuronas).

La coherencia en la vida diaria consiste en:

- Mantener conversaciones conectadas e inspiradoras a lo largo del día.
- Expresar tus necesidades y satisfacerlas.
- Elegir de forma sencilla y sin esfuerzo los mejores alimentos basándote en lo que ahora le sienta bien a tu cuerpo, sin pensar demasiado ni analizar en exceso.
- Encontrar la armonía con todos los que te rodean.
- Tener pensamientos ágiles y sentirse más liviano y en paz.

La coherencia es como mirar a través de un lago claro para ver cada roca del fondo arenoso. Por otro lado, cuando eres incoherente, es como no ver nada a través de las olas agitadas. Cuando eres coherente física y mentalmente, se abre la puerta para que tu intuición fluya. Y de súbito aparecen en tu conciencia soluciones increíbles, incluso excelentes, a las que no podrías acceder en un estado de incoherencia.

Imagina, por ejemplo, que estás en la cola de la cafetería y alguien entra y te roba el turno. Algo en su comportamiento prepotente te molesta. Aunque tal vez no lo registres conscientemente, esa experiencia del momento presente puede estar relacionada con un viejo recuerdo, almacenado en lo más profundo de tu cerebro, de cuando en la escuela primaria, un matón mayor que tú hizo lo mismo. Subconscientemente, tu amígdala cerebral comienza a activarse más rápido de lo que puedes comprender.[10] Como todo sucede tan deprisa, eso puede mantenerte atrapado en reacciones automáticas. De repente, te pones furioso mientras haces cola. Te sientes agredido. *¿Cómo se atreve este imbécil a hacerme esto?* Te cabreas en silencio. Eres prisionero de la incoherencia del Corazón Oscuro.

Tu corazón se acelera y tiemblas ligeramente. Identificarte con esos pensamientos de mala vibración, tipo víctima, mueve tus ritmos cardíacos hacia un patrón errático y distorsiona la comunicación con tu sistema nervioso. Tu cuerpo se encuentra ahora en un estado de respuesta al estrés de lucha o huida. Además, hay un estrés adicional sobre tus órganos, y tus sistemas digestivo, inmunitario y hormonal se ven comprometidos. Vaya. Todo esto por un solo incidente.

Aplicar la inteligencia de tu corazón y crear más coherencia en el momento puede tener este aspecto: te das cuenta de que estás empezando a perder la serenidad. Notas que tu ritmo cardíaco se acelera y tus pensamientos comienzan a correr. Inmediatamente, te concentras en tu corazón y haces algunas respiraciones profundas que fomentan la coherencia. Practicas el método HeartAlign para la armonía interior. Esto te ayuda a crear coherencia y acceder a la inteligencia de tu corazón al instante, en la vida real, en solo unos segundos, algo que aprenderás en la etapa del Corazón Impulsado.

Esta herramienta te ayudará a regular tus pensamientos para que retornen a ritmos tranquilos, enseguida. *No es para tanto* –te dices–. *Tal vez tenga mucha prisa. Espero que consiga hacer todo lo que necesita hacer. Probablemente esta espera solo será de unos tres minutos más en la cola. Por si acaso, de todos modos enviaré desde mi teléfono ese correo que tengo que enviar.*

Como puedes ver, se trata de que tu corazón y tu cerebro trabajen juntos. Darle la vuelta a esta situación caótica, que estaba teniendo lugar en tu interior, se sentiría como una gran batalla si se hace solo desde la mente. Mentalmente, se necesitaría una enorme cantidad de energía para tratar de dominar estos pensamientos oscuros. En cambio, el corazón fue lo primero que se activó. Tu corazón tiene un poder infinito para cambiar las cosas a tu favor en cada momento de la vida. Una vez que comienzas a poner en marcha la inteligencia de tu corazón, te dirigirá hacia el pensamiento tranquilo y sensato. Cuanto más lo hagas, más cambiará tu vida. Todo empieza con los micromomentos.

EL IMPULSOR DE ENERGÍA DEFINITIVO

Espera, los micromomentos y los cambios no son tan «micro». Incluso los episodios aparentemente pequeños de enfado, preocupación y estrés pueden alterar tu cuerpo durante horas.

Por ejemplo, el siguiente gráfico muestra una investigación de Rollin McCraty y su equipo del HeartMath Institute, quienes descubrieron que solo cinco minutos de ira deterioran el sistema inmunitario durante al menos seis horas. En este estudio midieron los niveles de IgA, un importante anticuerpo secretor que aumenta la inmunidad, haciéndote más resistente a infecciones y enfermedades. Los investigadores encontraron que los niveles de IgA aumentaban con las emociones de afecto y disminuían con la emoción de la ira. Y esto sin mencionar los demás sistemas del cuerpo, que prácticamente están todos sumidos en el caos de estos pensamientos incoherentes. Es evidente que tus sistemas corporales tardan mucho tiempo en recuperarse de emociones erráticas y desenfrenadas.

También puedes ver que activar pensamientos coherentes incrementó la inmunidad de manera medible. Esta toma de conciencia es importante para que puedas comenzar a salir de los viejos y rígidos patrones incoherentes que trajeron tanta pesadez a tu vida, y entrar en nuevos caminos ligeros y libres.

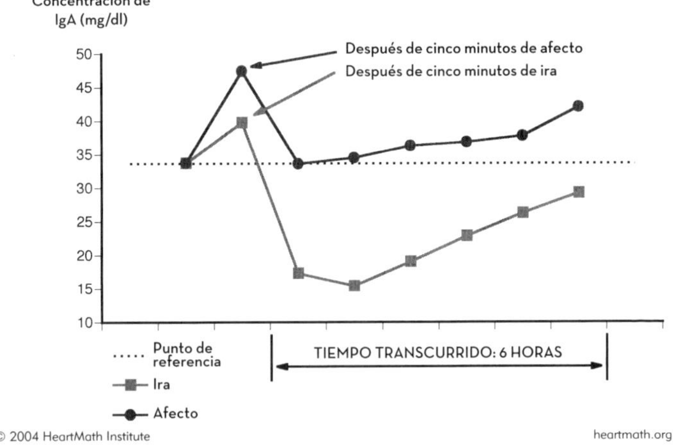

Se probaron los efectos de diversas emociones sobre la IgA, un importante anticuerpo secretor que aumenta la inmunidad, haciéndote más resistente a infecciones y enfermedades. Cuando se pidió a los participantes que recordaran una experiencia de ira durante cinco minutos, los niveles de IgA aumentaron rápidamente y luego cayeron a la mitad de lo que eran antes de la ira, e incluso después de seis horas, no habían vuelto a la normalidad.[11] En cambio, cuando a los participantes del estudio se les pidió que evocaran sentimientos de afecto y compasión durante cinco minutos, sus niveles de IgA también se incrementaron de inmediato y siguieron aumentando de manera constante durante seis horas. (Cortesía del HeartMath Institute).

ABRIR EL CORAZÓN ENERGÉTICO

La coherencia del corazón también abre la puerta al despertar del corazón energético o espiritual. Esto se debe a que, a medida que tu corazón físico se calma en un patrón ordenado y suave, te vuelves más tranquilo. Y la calma es absolutamente esencial para que tu corazón energético se active y despierte con más fuerza en tu vida.

Sri Yukteswar dice que las imágenes ilusorias o irreales, *maya*, «hacen que olvides tu Verdadero Ser y provocan todos tus sufrimientos».[12]

Los delirios se producen cuando somos prisioneros de los pequeños dramas de la vida diaria, y les dedicamos demasiado de nuestro tiempo y atención. Entonces, podemos quedar atrapados en pensamientos incoherentes como: *Él dijo esto y debería haber dicho aquello*, *Esto es lo peor* (sea esto cualquier cosa en ese momento en particular) o *Mi café sabía horrible hoy* (quizás, pero continúas quejándote de ello tres horas después). Y permanecemos en la existencia limitada del Corazón Oscuro. Cuando nos enredamos en los dramas de la vida, por muy importantes que nos parezcan, estamos en el ego y no en nuestros corazones. Y así, el poder de nuestros corazones se trunca.

En la oscuridad, no puedes ver lo que hay en la mesa ni mirarte en el espejo con claridad, ¿verdad? Sin embargo, a medida que crece la coherencia, también lo hará tu visión verdadera, lo que crea más luz para ver en tu vida. Las investigaciones han demostrado que a medida que te vuelves más coherente, experimentarás más percepciones positivas.[13] Por supuesto, las personas pueden decir o hacer cosas crueles, y en la vida no somos inmunes a las perturbaciones, pero desde la perspectiva de tu corazón inteligente, ¿adivinas qué? *Simplemente sigues adelante*. Ya no es un gran problema, no hay para tanto.

Tu corazón despierto es la puerta que permite que fluyan a tu vida las emociones inteligentes del corazón –afecto, compasión, alegría, paz, amor y aprecio– y recobres fuerzas al tiempo que desaparecen las ideas del ego o falso yo, que se centran en la carencia y en la mentalidad de víctima.

Después de todo, al ir entrando más luz, poco a poco, reconoces que la vida no es tan penosa ni oscura. Y vaya, en realidad, no eres una mala persona. Es evidente que has cometido algunos errores, pero en ese momento hacías lo mejor que sabías y podías. Y te das cuenta de la gran verdad: no tienes que cambiar, sino ser tú mismo. *Los pensamientos inseguros fueron el problema todo el tiempo, no tú.*

NOTA PERSONAL

Después de muchos años de practicar la meditación, estoy muy emocionada de compartir contigo la Meditación HeartAlign, que combina lo mejor de la ciencia y la sabiduría ancestral. En mis meditaciones diarias, a menudo encontraba calma y serenidad y llegaba a lugares energéticamente expansivos. Pero una vez que me levantaba y comenzaba el día, también tenía algo, o a veces mucho, de incoherencia. En ocasiones mi mente, como un caballo salvaje, me conducía hacia las viejas reacciones o pensamientos negativos, y la tranquilidad y la paz no aparecían por ningún lado.

Esta meditación me conectó con mi corazón y sentí un poder centrado en mi vida diaria al que nunca antes había podido acceder. Una paz y una claridad crecientes hicieron que las soluciones para todas esas pequeñas y grandes preguntas que me solía hacer, ahora fueran obvias. Me siento más conectada conmigo misma y con todas mis relaciones. Estoy muy emocionada ante la idea de que tú también experimentes estos increíbles beneficios.

De ninguna manera esto resta valor a las prácticas de meditación yóguica, como el método de Kriya Yoga enseñado por Paramahansa Yogananda. El Kriya Yoga se ha transmitido durante milenios desde la antigua India y es el núcleo del Raja Yoga, el Yoga Real, la forma más clásica del yoga, que yo también practico. Si te sientes llamado a profundizar en técnicas científicas de meditación y *pranayama*, por favor sigue ese llamamiento (para más información, consulta la sección «Recursos»).

La Meditación HeartAlign

Se ha demostrado que la Meditación HeartAlign es eficaz para aumentar tu coherencia y tu claridad,[14] acceder a la inteligencia de tu corazón y abrir tu corazón energético. He adaptado la Meditación HeartAlign de la técnica de coherencia rápida de HeartMath, con su permiso, y también he incorporado algunas de las técnicas de Yogananda.

Cuanto más practiques esta meditación, más sentirás cómo surge de tu corazón la armonía interna, la paz y la claridad, y cómo se despliega en tu día a día y en tu vida. La coherencia continuará creciendo. ¿Y la otra gran noticia?: *esta meditación se puede practicar en menos de diez minutos.*

El equipo de mi empresa, Solluna, realizó un estudio con el equipo de investigación del HeartMath Institute. Treinta participantes practicaron la meditación durante cuatro semanas, de cuatro a cinco veces por semana.[15] Se produjo un *aumento medio del veintinueve por ciento en los niveles de coherencia* de los que intervinieron, que fueron capaces de entrar en un estado de coherencia y mantenerlo. Y lo que es más importante, hubo un incremento del diez por ciento en sus niveles de coherencia en estado de reposo, lo que indica que habían establecido un nuevo punto referencial de coherencia (sin importar lo que estuvieran haciendo). En otras palabras, los participantes habían reprogramado sus sistemas nerviosos a un estado funcional óptimo en solo un mes.

Intenta practicar esta meditación de cuatro a cinco veces por semana, como los del estudio, para obtener los máximos beneficios de coherencia (puedes hacerlo si te comprometes a ello), y cada vez que practiques, aumentarás tu capacidad de coherencia.

Te recomiendo hacer la meditación por la mañana, si puede ser inmediatamente después de que te despiertes. Te ayudará a acceder a la inteligencia de tu corazón desde el principio y tendrá un impacto creciente en toda tu jornada, desde la mañana (que, por cierto, es también la forma en que enseño a hacer cambios en el estilo de vida).

También puedes practicar esta meditación por la noche para ayudarte a restablecer un estado de mayor armonía, a fin de conseguir un descanso más profundo. Asimismo, puedes realizarla al mediodía para aumentar la coherencia y evitar que se acumulen malentendidos, confusión y tensión en medio del ajetreo de la vida diaria.

Hay pistas complementarias de esta meditación en mi sitio web, acompañadas de música. Si quieres que practiquemos juntos, me encantaría guiarte a través de ellas (por favor, consulta la sección «Recursos»).

Los pasos de la Meditación HeartAlign son los siguientes:

1. Contrae todo tu cuerpo al inhalar y luego relájalo con una exhalación doble. Repite tres veces.
2. Desplaza tu conciencia hacia tu corazón.
3. Sigue concentrándote en tu corazón mientras inhalas y exhalas lentamente entre cinco y ocho veces, imaginando que estás respirando desde tu corazón.
4. Autogenera el sentimiento de aprecio. Hazlo recordando a una persona o acontecimiento que te ayude a evocar esta emoción positiva.
5. Mantén la concentración y el aprecio en tu corazón de tres a cuatro minutos o más.
6. Concluye dando las gracias a la sabiduría de tu corazón y proponte permanecer conectado a ella a medida que avanza el día.

A continuación te ofrezco una explicación más detallada de cada paso:

1. **Contrae todo tu cuerpo al inhalar y luego relájalo con una exhalación doble. Repite tres veces.** Cierra los ojos e inhala mientras contraes conscientemente los hombros, los puños, la cara y los músculos de las piernas hasta alcanzar una fuerte tensión y cuenta hasta tres; luego libera esa tensión con una gran exhalación doble por la boca (haciendo un sonido como *hah hahhhh*). Repite tres veces. Esta técnica se basa en un método

enseñado por Paramahansa Yogananda y ayuda a eliminar la acumulación de energía inquieta, rigidez y tensión de tu cuerpo para que puedas crear más quietud y coherencia en el corazón.

2. **Desplaza tu conciencia hacia tu corazón.** Como te indiqué en la primera práctica de este capítulo, este es el cambio más importante que puedes hacer: de los pensamientos, nacidos de tu ego y tu mente, hacia tu corazón. Esto es muy importante, porque en lugar de intentar dominar los «malos» pensamientos con «buenos» pensamientos, estás cambiando a otro lugar completamente distinto. Desplazar tu atención y tu conciencia hacia tu corazón también ayudará a crear coherencia en todo tu cuerpo y calmará tu sistema nervioso.[16]
3. **Sigue concentrándote en tu corazón mientras inhalas y exhalas lentamente entre cinco y ocho veces, imaginando que estás respirando desde tu corazón.** Comienza a respirar profundamente, imaginando que estás inhalando y exhalando desde tu corazón, manteniendo tu concentración en él. Tu respiración consciente te ayudará a conectar aún más profundamente con tu corazón.

   Puedes comenzar respirando, realizando cinco inhalaciones y cinco exhalaciones, lo que equivale a un ritmo de diez segundos, o seis respiraciones por minuto. Este fue el ritmo descubierto en la investigación de HeartMath (medido a 0,1 Hz, una medida de frecuencia) para aumentar la coherencia del corazón y llevarte a un estado más coherente.[17]

Sin embargo, puede resultar estresante seguir forzándote a mantener un ritmo fijo. Después de tres o más ciclos de respiración, puedes relajarte y volver a la pauta normal y lenta de tu cuerpo, sin dejar de centrarte en tu corazón.

4. **Autogenera el sentimiento de aprecio. Puedes hacerlo recordando a una persona o acontecimiento que te ayude a evocar esta emoción positiva.** El aprecio es una energía basada en el corazón y que lo abre. Se siente expansivo porque te expande más allá del pequeño yo, el ego, y te conecta con la energía inteligente que fluye a través de tu corazón y de toda la vida. El aprecio es una combinación de gratitud, agradecimiento, aprobación y admiración.[18]

   Mientras mantienes tu concentración en tu corazón, recuerda algo que te haga conectar con el sentimiento de aprecio, como tu lugar preferido de la naturaleza, la compañía de un ser querido o un hecho concreto, y después libera esas imágenes y céntrate en el sentimiento que te producen.

   En las investigaciones del Instituto HeartMath se descubrió que autogenerar un sentimiento central del corazón, como el aprecio, ayuda a sincronizar la comunicación entre el corazón y el cerebro; aumenta la coherencia; regenera los sistemas hormonal, inmunitario y nervioso, y también facilita la salud y el bienestar.[19, 20, 21, 22, 23]

5. **Mantén la concentración y el aprecio en tu corazón de tres a cuatro minutos o más.** Usa tu voluntad y tu intención sincera para sostener esa concentración en tu corazón mientras mantienes la poderosa energía del agradecimiento durante unos minutos. Permanecer en este estado de alineación y regulación crea más coherencia en el corazón, cuyo resultado es una mayor coherencia dentro de tus propios sistemas corporales: a nivel mental, emocional, espiritual, electromagnético y celular. Puedes sentir un cosquilleo, «calor» o expansión. También puedes pasar de manera natural a otras emociones centrales del corazón: amor, alegría, paz o atención.

   Asimismo, comenzarás a despertar tu todopoderosa conexión con el corazón energético, lo que te pondrá en contacto con tu conexión personal con el Espíritu.

6. **Concluye dando las gracias a la sabiduría de tu corazón y proponte permanecer conectado a ella a medida que avanza el día.** Esta meditación te transporta a tu corazón y activa su sabiduría omnipotente. Mantén este canal abierto en tu vida para continuar creando mayor coherencia,

claridad y creatividad mientras finalizas la meditación y continúas con el resto del día.

Practicar con regularidad la Meditación HeartAlign puede trasladarte de la incoherencia a la coherencia e ir más allá del Corazón Oscuro para experimentar más ligereza, salud, felicidad y paz. Después de solo cuatro semanas, una vez más, los participantes en el estudio aumentaron un diez por ciento su punto referencial de coherencia.

Con el tiempo, estos pasos fluirán de la misma manera que cuando te cepillas los dientes. No piensas: *Vale, ahora debo desenroscar el tapón y poner el dentífrico en el cepillo*, simplemente lo haces. Y lo mismo sucederá aquí cuanto más lo practiques.

Si crees que te será útil, recuerda que puedes visitar mi sitio web para acceder a grabaciones guiadas gratuitas de la Meditación HeartAlign (consulta la sección «Recursos»).

A continuación te presento algunas experiencias personales de aquellos que la practican:

- Kappa, una madre trabajadora y ocupada de nuestra comunidad Solluna, me comentó que se sentía agobiada y, a menudo, abrumada por las muchas exigencias de la vida diaria. Ya había intentado meditar, pero su mente se aceleraba y necesitaba más herramientas que la ayudaran a luchar contra la impaciencia y la irritación que, frecuentemente, surgían durante sus días ajetreados. Yo estaba muy emocionada de compartir con ella la Meditación HeartAlign. Esto fue lo que me contó:

Después de cuatro días de practicar la Meditación HeartAlign, mis hijos estaban haciendo algo que normalmente me volvería loca y me sacaría de mis casillas. Pero esa vez, ese sentimiento de enfado parecía un eco lejano. Aún estaba presente en mí, pero me resultaba difícil conectarme con él, era como si lo estuviera observando en vez de sentirlo. Pude comunicarme con mis hijos desde una perspectiva mucho más tranquila y centrada.

Por supuesto, aún tengo mis momentos humanos, pero son menos frecuentes que antes. Al sentir aprecio durante la meditación, también me estoy entrenando para encontrar pequeños períodos de gratitud, lo que me ayuda a mantener aún más los sentimientos de aprecio a lo largo del día.

–Kappa, madre de dos hijos

- Conocí a Charles a través del mundo del bienestar y los pódcast. Noté que era muy amable, pero también parecía «encendido», tanto físicamente como en su vida. Su tez era ligeramente rubicunda, hablaba con rapidez y parecía que muchas emociones no expresadas hervían bajo la superficie.

Compartí la Meditación HeartAlign con él, que a la vez comenzó a practicar de forma regular junto a su esposa. Esto fue lo que me contó:

Durante seis años, estuve en servicio activo en las fuerzas armadas y aprendí a controlar mis sentimientos y mantener la cabeza agachada, a seguir adelante y hacer las cosas de una manera práctica. Sin embargo, me asaltaban muchos pensamientos negativos, así como el estrés y la duda. Lo intenté, pero nunca pude seguir ningún método de meditación ¡hasta ahora! Cuando conocí la Meditación HeartAlign, la experiencia fue sencillamente transformadora.

La practico entre cuatro y cinco veces a la semana. Y ahora, no solo siento un mayor dominio sobre mis pensamientos, que a menudo me nublaban el día, sino que mis emociones están siempre más equilibradas. También me siento mucho más tranquilo a la hora de responder a los factores estresantes de mi vida diaria, entre ellos hacer malabarismos con las exigencias de los clientes y con un horario muy ocupado. Todo gracias a una meditación de ocho minutos. Es increíble.

–Charles De Wall, empresario

- Callie, como la llamaremos, aparecía en películas importantes y en la prensa, y ocupaba un lugar destacado en las portadas de revistas. Cuando la conocí, pude notar lo «tensa» que se sentía: estaba muy metida en su mente, repleta de pensamientos y miedos a los que no dejaba de darles vueltas. Sufría estreñimiento crónico y rigidez, así como insomnio y ansiedad graves. Junto con un programa de estilo de vida, que incluía alimentos ricos en fibra y suplementos para la digestión, le presenté la Meditación HeartAlign. Practicábamos juntas a través de Zoom, y ella también lo hacía por su cuenta con mis grabaciones guiadas, que guardaba en su teléfono. Podía ver cómo toda su energía se suavizaba y se calmaba ante mis ojos antes y después de la meditación. Fue realmente hermoso verlo. Esto fue lo que me contó:

Me ha sido muy difícil relajarme, y esta meditación me ayuda a hacerlo. Estoy siempre con el «botón de encendido» y estresada. La meditación siempre me ha parecido difícil, pero esta es diferente. Aún entro y salgo de mi corazón, pero la voz de Kimberly siempre me ayuda a regresar. El día es diferente cuando la hago. Me siento más luminosa y tranquila, y estoy agradecida.

–Callie, actriz

EL CAMPO ELECTROMAGNÉTICO DEL CORAZÓN

Algo asombroso está sucediendo en tu corazón en este mismo momento: está generando un valioso campo electromagnético. Es, en esencia, un campo compuesto por fuerzas eléctricas y magnéticas que no puedes ver. Volvamos a lo que nos enseñó Sri Yukteswar: que para superar los malentendidos del Corazón Oscuro, hemos de comenzar a reconocer, y empezar a entender, que hay mucho más de lo que podemos ver con nuestros ojos.

Este campo es el más potente que produce el cuerpo, con una fuerza aproximadamente cien veces mayor que la del cerebro.[24] Instrumentos sensibles, como los magnetómetros, lo pueden detectar a una distancia de entre dos metros y medio y tres metros de tu cuerpo.

El campo de tu corazón está compuesto por diferentes frecuencias que literalmente crean un patrón de luz. Y este campo cambia en función de tu estado emocional.

Si en la actualidad te encuentras en la etapa del Corazón Oscuro, solo quiere decir que hay un bloqueo temporal del fluir de la luz, o de la frecuencia electromagnética, que emite tu corazón. La incoherencia del Corazón Oscuro es lo que provoca que sientas frustración, desasosiego, angustia, desconexión e inseguridad, lo cual influye en el campo electromagnético de tu corazón.

Tu luz siempre está ahí, pero está siendo obstaculizada porque no te sientes conectado con el poder de tu corazón y, por lo tanto, los demás tampoco pueden percibirlo. Esto disminuye tu magnetismo, tu capacidad natural, el atractivo que puedes ejercer sobre la gente o las cosas. También te sientes desconectado del corazón energético que nos une con el campo superior de inteligencia del que todos formamos parte. Sin este enlace esencial, nos sentimos desconectados y limitados en diferentes áreas de nuestra vida.

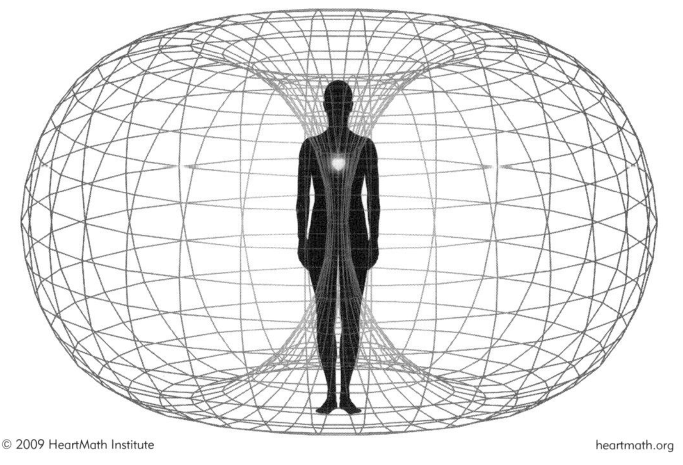

El campo magnético del corazón (Cortesía del HeartMath Institute).

No te preocupes, porque la buena noticia es que, en cualquier momento, puedes empezar a ponerte en contacto con la luz brillante de tu corazón, y su campo electromagnético tendrá una frecuencia más fuerte a medida que lo hagas. Conforme aprendas a crear más coherencia cardíaca, incluso aunque solo sea desplazarte más hacia tu corazón y practicar la Meditación HeartAlign al menos varias veces por semana, tu campo se fortalecerá y se sentirá más armonioso.

Del mismo modo que nuestras emociones y nuestra actitud pueden afectar a nuestro bienestar físico, también influyen en este poderoso campo del corazón, lo que demuestra la interconexión entre nuestros estados emocionales y fisiológicos. Somos a la vez energía y materia física (que en realidad sigue siendo energía, solo que más densa), y cuanto más vivamos nuestras vidas con este conocimiento trascendental, más podremos conseguir cambios profundos.

Las investigaciones también indican que la información energética contenida en el campo del corazón puede ser registrada por quienes nos rodean.[25] Esto aporta evidencia científica de por qué a veces puedes sentir intuitivamente el estado de ánimo o la «vibración» de alguien que entra en una habitación. ¿Sabes qué? Ellos también pueden sentir los tuyos.

Empieza a percibir el campo electromagnético que desprenden los que te rodean. Yo puedo sentir de inmediato cuando alguien tiene una «potente energía», y me agrada estar cerca de esa persona. Se la nota relajada y con luz, y ahora sé que se debe a que se halla en un estado de mayor coherencia. En mi caso, así son mi padre, mi esposo, ciertos amigos con los que siempre espero compartir mi tiempo, la maestra de mi hijo, e incluso gente ajena a mi círculo más cercano como, por ejemplo, ciertos empleados amables y sonrientes de mi mercadillo favorito. ¿Quiénes son esas personas en tu vida?

Por otra parte, antes de tener el vocabulario de la incoherencia, cada vez que notaba que alguien estaba «fuera de lugar» o disperso y no realmente presente, acostumbraba a calificarlo como «energía caótica». Era frecuente que, en diferentes grados, me sintiera apartada o separada de esa persona. Unas veces solo la juzgaba mentalmente, pero otras sentía la necesidad de contárselo a mi esposo o a alguien próximo, explicarle que ese día había tenido un encuentro que no me había sentado muy bien.

En la actualidad, cuando estoy cerca de quienes están pasando por un momento de energía incoherente o de Corazón Oscuro, sé que lo mejor que puedo hacer es ir hacia dentro, no hacia fuera, es decir, que de forma deliberada entro aún más en mi corazón, volviéndome así más coherente, y mi coherencia suele hacer que ellos también se vuelvan más coherentes. Entonces, es más fácil conectar, y nuestra interacción se vuelve mucho más rica, satisfactoria y significativa.

Esto no quiere decir que pretenda que nos convirtamos en los mejores amigos, pero si lo tengo delante, es posible crear una conexión de corazón. Y eso sienta bien. Todos pasamos alguna vez por momentos de incoherencia, así que no es necesario juzgar. Tú también te volverás cada vez más coherente con las herramientas de este libro, y entonces tendrás una vibración más fuerte en la interacción y el poder de transformar la energía de ese intercambio en una mayor unión, en lugar de sentir separación. Esta es una forma clave de intensificar tu abundancia, que consiste en estar conectado con el todo. La abundancia es la plenitud de la vida, de todas las cosas, como el amor, el éxito material y las oportunidades, la salud, la vitalidad, la energía y mucho más.

La abundancia y el éxito comenzarán a llegarte a medida que tu corazón se despierte y tu campo de energía cambie. Esto se debe a que el campo personal de cada uno tiene una cierta resonancia magnética. Así como los imanes se atraen, a medida que la luz de tu campo se convierte en una frecuencia más fuerte y armoniosa, las personas tienden a sentirse más atraídas hacia ti, y las cosas buenas comienzan a suceder.

Si has estado buscando generar unas relaciones mejores, encontrar una pareja o acceder a oportunidades más interesantes en el trabajo, y has experimentado frustración en estas áreas, crear una mayor coherencia en tu campo energético puede ayudarte a que todo esto suceda y, al mismo tiempo, conforme aumenta tu coherencia, también experimentarás una mayor alineación interior y más paz. Aunque hay muchas cosas en la vida que no están bajo tu control, como el estado de la economía o el clima, la gran noticia es que tu campo del corazón sí que lo está.

A medida que te adentres en una mayor coherencia y que te alejes cada vez más de la incoherencia del Corazón Oscuro, todo ello tendrá el potencial de cambiar y mejorar de manera extraordinaria cómo te sientes y cómo te parece tu vida.

Práctica: dibuja tu corazón

Saca un cuaderno o una hoja de papel y dibuja una imagen de tu corazón. Usa tu intuición en lugar de reflexionar o de tratar de dibujarlo de manera acorde a la realidad. El objetivo es que sea simbólico y representativo.

¿Qué aspecto tiene el campo alrededor de tu corazón? ¿Cuánta luz brilla desde él? ¿Hay zonas oscuras? En este momento, ¿la luz es tenue? ¿Está todo el corazón oscuro en general?

No te juzgues ni te sientas mal contigo mismo, no importa dónde estimes que te encuentras en este momento. El objetivo es crear una conciencia basada en tu propia sabiduría intuitiva. Cuanto más consciente seas, más podrás cambiar, crecer y liberar tu corazón para su verdadera expansión.

LA IMPORTANCIA DE QUIEN TE RODEA

Trascender el Corazón Oscuro no solo tiene que ver con tu corazón, sino también con la energía de los corazones que te rodean. Paramahansa Yogananda dijo: «La mayor influencia en tu vida, más fuerte incluso que tu fuerza de voluntad, es tu entorno».[26] Una gran parte de él son las personas con las que pasas tu tiempo. Quizás, intuitivamente, has sentido el efecto, bueno o malo, de quienes te rodean.

Esto tiene sentido ahora, cuando entiendes que percibes el campo electromagnético que desprenden los demás, lo cual potencialmente te afecta. Puesto que queremos crear más coherencia y trascender la etapa del Corazón Oscuro, elegir con cuidado con quién compartes tu tiempo tiene una importancia especial. Lo mejor que puedes hacer es quedarte lo menos posible con aquellos que siempre están descontentos con sus vidas o quejándose.

Pregúntate: *¿Cómo me siento después de estar con esta persona?* La luz, el campo o la energía que otros emiten se puede sentir. Mediante tu intuición sintoniza con la energía de tu interior mientras estás con una persona y después de pasar un tiempo con ella. ¿La sientes estimulante o agotadora? Confía en que tu corazón te guíe en esa respuesta.

Si la cercanía de alguien te resulta agotadora y te quita mucha energía, evítalo, y si al hacerlo te pregunta por qué, respóndele con honestidad que te estás tomando tiempo para cuidar de ti. A veces no puedes evitar a alguien por completo, por ejemplo un miembro de la familia, ni tienes por qué hacerlo. Solo desde tu propia claridad y discernimiento busca formas de reducir vuestros contactos según te sientas más o menos atraído.

Esto abre el espacio que puedes dedicar a quienes sí ayudan a iluminar tu energía y tu corazón. Búscalos. Fortalece esas conexiones.

Sé consciente, sé capaz de distinguir, aprovecha la guía intuitiva de tu creciente inteligencia del corazón, y sobre todo cuídalo. A medida que tu increíble corazón vaya despertando, serás una luz para los demás y para el mundo.

LA SINCERIDAD: LA IMPORTANTE CUALIDAD DEL CORAZÓN

Uno de los pasos más importantes para superar la pesadumbre y la oscuridad es la sinceridad. Tienes que desear sinceramente crecer, cambiar y transformarte. La sinceridad se alinea con la entrega, lo que significa que llegas a este momento con humildad y franqueza. Ser humilde y franco te da fuerza, porque entonces puedes ver claramente que las viejas formas de hacer las cosas ya no funcionan. Y es en ese momento cuando comienzas a avanzar.

La sinceridad te da energía cuando quieres rendirte, cuando prefieres continuar con determinados hábitos, incluso sabiendo que te hacen infeliz; te ayuda a cambiarlos aunque lo nuevos hábitos requieran esfuerzo para implantarse. Si eres sincero y canalizas esa sinceridad en concentración, interés y compromiso para utilizar estas herramientas basadas en el corazón, tendrás como recompensa el despertar del enorme poder de la inteligencia de tu corazón. Y todos los aspectos de tu vida cambiarán extraordinariamente para mejor.

ENCARNAR EL CORAZÓN: consejos de estilo de vida para superar el Corazón Oscuro

A continuación te presento algunos consejos prácticos de estilo de vida y herramientas que también puedes incorporar para apoyar el viaje de tu brillante corazón y avanzar en su despertar más allá de la fase del Corazón Oscuro:

- **Bebe elixires de cacao y canela.** Las plantas, incluso las llamadas «comunes», tienen influencia y poder energéticos. Me encanta incorporar en el régimen de todos mis clientes elixires, o «pociones» hechas con una mezcla específica de ingredientes beneficiosos. Son una forma eficaz de aportar nutrientes al organismo. Uno de ellos es un cálido elixir que incluye cacao crudo, que contiene neuroquímicos favorecedores de la sensación de dicha, así como canela, una especia conocida por ser estimulante y mejorar la digestión, que te ayudará a reconectar con tu corazón y salir de la mente racional. Su base es una leche vegetal, como la de coco o cáñamo, para que tenga una textura cremosa y aporte grasas estabilizadoras. Este elixir puede ser especialmente beneficioso a mitad del día, ya sea a media mañana o a media tarde. (Consulta la sección «Recursos» o mi sitio web para más recetas de elixires y otros preparados).

- **Añade grasas omega.** Estas son grasas saludables que ayudan a equilibrar el corazón y el cerebro (los alimentos buenos para el corazón suelen ser también buenos para el cerebro). Las grasas omega también están asociadas con la mejora del estado de ánimo y el alivio de la depresión. Incorpora a tu dieta semillas como las de chía, lino y cáñamo, y frutos secos como las nueces y las almendras; además, piensa en incluir un suplemento de DHA (ácido docosahexaenoico) /EPA (ácido eicosapentaenoico) a base de algas, ya que son excelentes fuentes de ácidos grasos omega.
- **Prueba la terapia de luz.** La luz, especialmente la del sol, es esencial para la salud, para el bienestar y para sentirnos conectados con la tierra, la naturaleza y la abundante luz que existe en nuestro interior y a nuestro alrededor. Si te sientes decaído o falto de conexión, intenta incorporar más luz solar en tu vida (siempre en cantidades seguras según tu tipo de piel). Si eso no es posible, prueba con una lámpara que simule la luz del sol o algún tipo de cabina o dispositivo de terapia lumínica.
- **Pasa más tiempo al aire libre.** La naturaleza es expansiva, como la energía del corazón, por lo que

estar en contacto con ella es una forma de sentirse más abierto y salir de perspectivas limitadas centradas en la mente. Reserva tiempo para leer, sentarte, conversar o caminar con tus seres queridos, o simplemente estar en contacto con la naturaleza, ya sea en un parque o en la playa. Si vives en una zona urbana, intenta, siempre que sea posible, planificar tus vacaciones o escapadas de fin de semana en entornos naturales.

- **Consume verduras y concentrados de verduras a diario.** Las verduras de hoja representan la verdad; pueden ayudar de forma extraordinaria a abrir tu corazón, y son ricas en minerales y antioxidantes, además de ser maravillosas para tu vitalidad general. Los colores transmiten una cierta vibración, y el verde se ha asociado tradicionalmente con el color del chakra *anahata*, también conocido como chakra del corazón, considerado, desde la perspectiva del yoga, como un apoyo para la energía del corazón.
- **Intenta incorporar a tu dieta verduras de hoja verde como espinacas, cilantro, col rizada (*kale*), acelga, etc.** Incorporar a tu alimentación un polvo concentrado de este tipo de verduras a diario es una excelente fuente de energía y vitalidad. Este polvo incluye plantas «superricas» en cualidades nutritivas y protectoras, e incluso ayuda a eliminar los metales pesados que se pueden acumular

dentro de las células de tu cuerpo. Busca fórmulas que estén bien equilibradas y que contengan cantidades eficaces de cada ingrediente, en lugar de fórmulas que incluyan cantidades insignificantes de docenas de ingredientes. (Hay varias fórmulas excelentes disponibles. Lógicamente, prefiero la que he ideado yo, hecha con mucha dedicación y cuidado, mucha pasión por las plantas y mucho amor. Si estás interesado, puedes consultarla en la sección «Recursos» o en mi sitio web).

Puntos clave del Corazón Oscuro: Incoherencia

- La etapa del Corazón Oscuro es una fase de desconexión. Esto significa que la comunicación entre el corazón y el cerebro se interrumpe, de modo que la mente lidera la vida.
- La incoherencia del Corazón Oscuro da lugar a confusión, frustración, estrés, dudas, agobio, miedo, ira, culpa, falta de conciencia, emociones y comportamientos negativos o, tal vez, la sensación de no sentir nada en absoluto.
- Esta etapa nos impulsa a avanzar hacia una mayor autoconciencia y crecimiento a través de los desafíos.

- La coherencia del corazón implica crear una comunicación más alineada y sincronizada entre tu corazón, tu cerebro y tu sistema nervioso. Esto genera una mayor salud, eficiencia en los sistemas corporales, envejecimiento más lento y mayor inmunidad, claridad mental y productividad.
- La coherencia del corazón también conduce a más calma, claridad y paz, además de un mayor acceso a la intuición y a las emociones del corazón, las cuales incluyen aprecio, amor, compasión y alegría.
- Cuanto más desarrolles la coherencia de tu corazón, más serás capaz de transformar los pensamientos negativos en positivos, no por un pensamiento positivo forzado, sino con el poder de acceder a más emociones del corazón.
- Tu corazón produce un campo electromagnético que es cien veces más fuerte que el de tu cerebro. Puedes percibir ese campo y la «vibra» de otras personas, y ellas pueden percibir tu campo y tu «vibra».
- Cuanto más practiques la Meditación HeartAlign (consulta la sección «Recursos») y las demás prácticas ofrecidas en este libro, más aumentarás la coherencia de tu corazón y podrás transformar tu vida.

A medida que continúas tu viaje hacia el despertar de la inteligencia de tu corazón, notarás algo: cada vez más energía surge desde tu interior. Siempre estuvo disponible, pero a medida que la incoherencia se transforma en coherencia, en forma de mayor energía, calma y claridad, vas sintiendo cada vez más esa energía y accediendo a ella. Esto significa que estás pasando naturalmente del Corazón Oscuro al Corazón Impulsado. Aprendamos sobre esta siguiente etapa del corazón.

Nuestro viaje apenas acaba de comenzar.

Capítulo 4

ETAPA 2

EL CORAZÓN IMPULSADO: INICIO DE LA COHERENCIA

Al salir de la oscuridad, empiezas a experimentar una realidad completamente nueva conocida como el Corazón Impulsado. La transición a esta etapa es emocionante porque puedes empezar a sentir cómo tu increíble potencial energético alcanza niveles insospechados.

Cuando entras en esta etapa desde el Corazón Oscuro, puedes experimentar el descanso que se siente después de descargar un montón de piedras pesadas de los bolsillos, la nitidez con la que puedes ver después de limpiar el vaho de tus gafas. Todo ello lo puedes percibir de forma repentina o como algo que has ido reuniendo poco a poco. De cualquier manera, es increíblemente liberador levantarte del sofá con tu flamante energía recién descubierta o dejar atrás ese período de decaimiento.

Puede que te preguntes: «¿De *dónde* ha venido toda esta energía?». En realidad, esta vitalidad siempre ha estado en tu interior. Salió a la luz a medida que la comunicación entre el corazón y el cerebro comenzó a fortalecerse, creando en ti una base más sólida de coherencia, mediante revelaciones, una nueva conciencia, la práctica de la Meditación HeartAlign y otras herramientas, y quizás también al adoptar hábitos de vida más saludables que apoyaron el despertar de tu corazón. Esto te ha dado ahora el poder para conseguir un mayor acceso a tu propia energía.

Sri Yukteswar dice acerca de la etapa del Corazón Impulsado: «Su corazón entonces se ve impulsado a conocer la verdadera naturaleza del universo y, luchando por disipar sus dudas, busca evidencias para determinar qué es la verdad».[27] El Corazón Impulsado es, por naturaleza, un estado de gran acción. Esta acción está impelida por una profunda lucha interior por comprender el significado de la vida, qué es lo verdadero y qué hacer con nuestra energía y con nuestra vida en general.

EL VIAJE DE LA BÚSQUEDA

Como te conté antes, estuve viajando con mochila durante tres años. El primer año y medio fue bastante caótico: perseguía aventuras como participar en las fiestas de la luna llena en Tailandia, bucear en las aguas profundas de Malasia, recorrer en bicicleta los pueblos del suroeste de China o explorar los ríos subterráneos de Filipinas. Era una sensación constante de estar buscando lo siguiente, como: *¿Qué es lo próximo? ¿Qué puedo hacer más grande, más loco y emocionante?* Era el desasosiego hecho persona que me iba empujando a volverme un poco imprudente. De hecho, una vez, me lancé a un estanque profundo bajo una cascada en Laos, tratando de encontrar una forma de nadar por un túnel subterráneo que había visto atravesar a un nativo. Me quedé atrapada y desorientada entre las rocas bajo el agua, y, afortunadamente, justo cuando empezaba a embargarme el pánico y a quedarme sin aire, ese mismo hombre se zambulló, me agarró por los hombros y me guio a través del túnel.

Conduje a través de más de nueve países, en los que acampé, antes de encontrarme con un problema al intentar viajar a Mozambique. Las carreteras se encontraban en tan mal estado que tuve que idear otro plan. Al final, abandoné mi coche en un hostal en Johannesburgo (lo había comprado muy barato y lo pude vender después, cuando la aventura me llevó a otro continente). Conocí a una viajera que iba hacia la costa, a Inhambane, y accedió a llevarme con ella. La única condición era que tenía que hacer todo el trayecto sentada en la parte trasera descubierta de su camioneta. Por suerte, había puesto un colchón, así que aunque había numerosos baches que me hacían saltar, lo tomé todo como parte de la diversión.

En algún momento de ese viaje de trece horas, me puse los auriculares y escuché la canción *Learning to Fly* de Pink Floyd. Algo hizo clic dentro de mí, y de repente tuve una vehemente sensación de ser totalmente libre. Ahí estaba yo, cubierta de polvo y suciedad en la parte trasera de una camioneta, teniendo como única posesión solo una pequeña mochila y sin ningún plan para mi vida. Y aun así me sentía como si estuviera volando, increíblemente plena y, al mismo tiempo, increíblemente liviana. La sensación estaba, sin duda, centrada en mi corazón, palpitando dentro y fuera del pecho, subiendo hasta la parte posterior de la garganta y la coronilla, bajando al abdomen y extendiéndose en todas direcciones, más allá de mi cuerpo. Fue una especie de epifanía espiritual.

Ese momento cambió por completo el curso de mi viaje y de mi existencia. Fue una emoción radicalmente distinta, algo que nunca había experimentado hasta entonces, porque durante la mayor parte de mi vida me había sentido limitada, restringida. Nunca lograba escapar de esa presión por tener que definirme mediante el éxito y por lo que los demás pensaban de mí, como si solo así pudiera ser lo bastante buena, digna de atención, aprobación y amor. Ni siquiera en esos primeros días salvajes de mochilera había logrado quitarme de encima esos sentimientos, que ahora, al mirar atrás, veo que en realidad eran intentos de huir de mi propia incomodidad interior. Pero ese instante me dio un atisbo de lo que realmente significa experimentar la libertad en la vida. Libertad *de verdad*. Una libertad que había leído en poemas populares de Rumi, pero que jamás había sentido por mí misma. Nunca dudes de que tu vida, de que tus expectativas, de que *cualquier cosa* puede cambiar en un momento. A mí me sucedió.

Esa experiencia abrió la puerta a un recorrido vital que continúa hasta hoy, un itinerario emocional centrado en el crecimiento interior, sin importar dónde se encuentre mi cuerpo. Después de mis aventuras en África, sentí la llamada de ir a la India y allí pasé muchos meses. Estaba renovada y sin bloqueos, con muchas capas desprendidas de mi identidad que, hasta ese momento, había estado ligada al éxito y a la aprobación de los demás. Bueno, para ser sincera, para entonces, gran parte de ellas ya se habían desprendido. De alguna manera, la travesía de la pérdida de las falsas identidades del ego sigue vigente, como nos ocurre a casi todos, ya que esta es la esencia del viaje de ser humano, y también de despertar el corazón.

Dicen que cuando el discípulo está listo, el maestro aparece, y yo, sin duda, estaba preparada. Fue en ese período cuando acudí a la ciudad espiritual de Rishikesh, entré por casualidad en una librería y me encontré con un pequeño libro azul titulado *The Universality of Yoga* [Universalidad del yoga], de Paramahansa Yogananda, el yogui mencionado en estas páginas y en mi libro *Eres mucho más de lo que crees* (ed. Sirio, 2023).

Los libros de Yogananda me introdujeron en los conceptos del Verdadero Ser, el Kriya Yoga y la unidad; y sus enseñanzas conectaron y unificaron ideas sobre la verdad y el amor universales que me afectaron intensamente. Me impactaron como si me cayera encima una tonelada de ladrillos, y desde ese momento, el viaje se volvió mucho más intenso y profundo. Aunque dejé de vagar, fue precisamente en ese vagabundeo por todo el mundo donde encontré lo que iba buscando o, al menos, el lugar donde buscarlo. Había estado siempre dentro de mí, en mi corazón.

Esta lucha interior y esta búsqueda que experimenté forman parte de la experiencia universal del Corazón Impulsado. En esta etapa del corazón, hay mucha reflexión y análisis, por ejemplo: *¿Qué dieta y estilo de vida debería seguir? ¿Debería estar haciendo más? ¿Cómo puedo tener más éxito enseguida? ¿Cuál es la mejor manera de perder peso? ¿Estoy en la carrera profesional adecuada o debería cambiar de nuevo? Todavía no me encuentro lo bastante bien, ¿cómo puedo verme mejor?* El Corazón Impulsado es la etapa en la que los discursos motivacionales, los programas dietéticos, los nuevos dispositivos y *gadgets*, el *biohacking*,[*] los *life hacks*,[**] los libros de autoayuda y otras formas de mejorarse a uno mismo se convierten en algo especialmente atractivo.

Por naturaleza, la búsqueda es una energía inquieta. Es evidente que ser productivo es excelente, pero la energía inquieta es otra cosa. Piensa en esa mente que se comporta

* N. del T.: Es un método que consiste en hacer cambios en la dieta o en el estilo de vida para mejorar el bienestar. Utiliza conocimientos en biología y tecnologías para optimizar el funcionamiento del metabolismo humano.

** N. del T.: Son estrategias que te ayudan a ser más productivo y eficiente en tu cotidianeidad. Se trata de encontrar pequeñas soluciones que mejoran tu calidad de vida, desde organizar tu espacio de trabajo hasta optimizar tu tiempo.

como un caballo salvaje, derribando cubos de agua y avena mientras da vueltas sin parar. La energía inquieta es así: es esa sensación obstinada e incesante de que siempre tenemos que estar haciendo algo, ya sea trabajar, socializar, limpiar, arreglar cosas, charlar, navegar por Internet o comunicarnos incluso en los momentos de silencio. ¿Puedes identificarte con esto? ¿O puedes pensar en alguien a quien describirías como inquieto? La energía inquieta hace que sentir una paz verdadera sea imposible. ¿Y a dónde nos lleva esta inquietud? A la ansiedad y al estrés.

En el fondo, el hecho de estar siempre buscando, haciendo y persiguiendo algo significa que sentimos una profunda sensación de carencia en nuestro interior, que continuamos identificándonos con la idea de que necesitamos recomponernos, ser «mejores» o hacer más para sentirnos lo bastante válidos.

Con frecuencia, los mensajes de la sociedad nos empujan a conseguir más: más dinero, más fama, más admiradores y seguidores, estar más a la moda o tener mejor aspecto, porque nos aseguran que esto es lo que necesitamos para alcanzar el éxito y la felicidad. Pero con el tiempo comprobamos que todo ello es una ilusión del ego y de una sociedad que en gran medida refleja la mente egoica. Lo cierto es que nada de eso nos proporcionará la paz y la felicidad que solo pueden surgir de conectar con tu corazón y con quién eres realmente. Esa conexión interior te dará todo lo que estás buscando. Ningún éxito, premio, objeto material o «cuerpo perfecto» podrá hacerlo jamás. Es bueno querer mejorar y es absolutamente válido desear cosas materiales y disfrutarlas. Pero nunca debemos entregar nuestro poder permitiendo que esas cosas externas definan nuestra valía o quiénes somos.

Y cuanto más completo te sientas, que es tu verdadera naturaleza, mayor será la energía que fluye a través de ti y se irradia al exterior, y más abundancia verás en tu vida, incluyendo una energía más expandida, más oportunidades y bienes, más personas amables, relaciones importantes y amor. *Eso es porque la totalidad es abundancia.* Si no te sientes completo, te sientes desprovisto, y entonces más carencia aparecerá en tu vida.

Una seguridad, una confianza en ti mismo que es fuerte y cada vez más inquebrantable, surge de sentir la totalidad dentro de ti, a la cual puedes acceder a través de tu corazón. Te das cuenta de que ya no necesitas entregar tu poder a nadie que te tenga que decir cuánto vales. La verdadera confianza proviene del interior y no desaparece, no importa cómo envejezca o cambie nuestro cuerpo, si nuestra popularidad disminuye, si cambian nuestros roles en la vida (como cuando nuestros hijos crecen y ya no necesitan de nuestros cuidados de la misma manera) o si perdemos un empleo.

Tu corazón te enseñará que no necesitas seguir persiguiendo nada. A medida que realices un cambio en tu interior, más cosas llegarán a ti. Y en lugar de que te definan como alguien que ha conseguido o ha alcanzado objetivos, te apreciarán nada menos que por ser una persona maravillosa, a quien se desea conocer y de quien se quiere estar cerca.

Práctica: Vivir tu fecunda plenitud

Tu corazón puede enseñarte a sentirte verdaderamente completo, a conectar con la energía inmensamente poderosa que hay dentro de ti y que no se puede ver con los ojos. Esta práctica está diseñada para ayudarte, aquí y ahora, a experimentar ese poder. Cuando comiences a contactar con él, aunque sea solo por breves momentos, empezarás a darte cuenta de que la carencia nunca fue real. Lo parecía cuando estabas demasiado inmerso en la mente, pero la brillante inteligencia de tu corazón apunta a la verdad: eres completo tal como eres, y profundizar en ese conocimiento es el camino hacia la verdadera confianza y hacia inconcebibles torrentes de abundancia en tu vida.

Para hacer esta práctica:

- Siéntate cómodamente.
- Dirige tu atención hacia tu corazón. Puedes colocar las manos sobre él, si ello te ayuda a centrar allí tu conciencia.
- Imagina tu corazón como el sol, irradiando una luz brillante. Imagina tu corazón como si el sol estuviera

en tu interior, emanando su asombrosa luz natural. El sol no conoce lo que es la carencia. El sol es tal y como es, con todo su esplendor, completo y resplandeciente. Esa misma verdad vive dentro de ti, y puedes experimentarla prácticamente al conectar con la naturaleza de tu maravilloso corazón. No necesita la aprobación de nadie, porque está completamente lleno por sí mismo.

- Descansa en la luz brillante de tu corazón, en la energía de plenitud radiante que es el núcleo de tu Verdadero Ser, durante unos breves minutos. Esto te está enseñando, mediante la experiencia directa, la verdad de tu naturaleza. No puedes llegar a sentirte completo y pletórico solo con el pensamiento y el análisis; debes permitir que la inteligencia de tu corazón te guíe. Es una sabiduría profunda, que va más allá de las palabras y más allá de la mente egoica y lineal. Tienes que experimentarla.

Disfruta de esta práctica a diario, en cualquier momento. Cuanto más la practiques, más podrás empezar a personificar tu Verdadero Ser. Al principio, puede que te cueste conectar con esa luz, con la sensación de plenitud de tu interior, e igualmente eso está bien. Comunicarte en profundidad con tu corazón, como lo harías en cualquier relación, puede requerir tiempo y una atención constante, aunque solo

sean unos momentos por la mañana y a lo largo del día, pero llegará. Está dentro de ti.
Esta práctica puede ser especialmente beneficiosa como complemento a tu Meditación HeartAlign, después de haber realizado esos pasos previos, para ayudarte aún más a sintonizar con el poder de tu corazón o para llevarla a cabo en tus momentos de calma, o cuando sientas que aparecen las dudas sobre ti o tengas la sensación de que te falta algo. Recuerda: hay una plenitud, una totalidad en tu corazón que es el núcleo de quien realmente eres. No necesitas nada más ni llegar a ningún lugar para ser suficiente. Ya lo tienes todo; solo necesitas darte cuenta de que lo tienes; entonces, la abundancia fluirá en todas las áreas de tu vida.

DESCUBRIR TU SABIDURÍA MÁS ALLÁ DE PENSAR DEMASIADO

El Corazón Impulsado aún permanece muy atrapado en la mente, y la sabiduría del corazón puede amortiguarse fácilmente. Queremos evitar la confusión y la impotencia que surgen al ir en una dirección y luego en otra, cuestionándonos constantemente si estamos haciendo lo correcto o tomando la decisión adecuada. Imagina esta vez a la mente salvaje como un caballo desbocado que corre en círculos en el sentido de las agujas del reloj, y luego describiendo el mismo círculo pero en sentido contrario. Es agotador, y no nos lleva a donde realmente queremos estar.

Elegir seguir a mi corazón en lugar de a mi mente me llevó al amor más grande de mi vida: mi esposo, Jon. Nuestra primera cita para cenar fue en un pintoresco restaurante junto a la playa, apenas tres días después de habernos conocido. Pedimos ensaladas y *pizza* vegetariana, pero Jon amplió su pedido e incluyó un gran plato de albóndigas porque era «lunes de albóndigas», acompañado de jamón con melón y una porción extra de queso *burrata*. Con una gran sonrisa, me dijo: «Siempre pido tres platos solo para mí». Yo palidecí un poco y le sonreí con cortesía. Durante años había seguido una dieta vegetariana y, por lo general, había salido con personas que compartían hábitos alimentarios similares... ¡y tamaños de raciones también! Una vocecita de duda sonó en mi cabeza: «¡Uf! Quizás no somos tan compatibles».

Algunos de los tatuajes de Jon también me hicieron dudar. No me molestaba que cubrieran casi todo su cuerpo, excepto el cuello y la cabeza. Pero los hubo que, aunque un tanto interesantes, me parecieron tal vez algo inmaduros. Sin embargo, mi corazón me animó a mirar más allá, a mirar debajo de la superficie. Me di cuenta de que, al igual que Jon, yo también había pasado por muchas etapas de crecimiento; la diferencia era que las mías no estaban impresas en mi piel. Lo más importante fue que, esa noche, mientras hablábamos y reíamos, reconocí que nuestros valores fundamentales –la honestidad, la veracidad y la lealtad– estaban perfectamente alineados. «Está bien, de acuerdo –me dije a mí misma–. Lo veo. Y él me ve a mí. Conectamos en lo verdaderamente importante. ¿Y no es eso lo que realmente cuenta?».

Al finalizar la noche, por primera vez, Jon me dijo que me amaba, y me di cuenta de que la conexión entre ambos era innegable. La intuición de mi corazón y mi instinto me atraían hacia él de forma irresistible, superando cualquier duda que mi mente intentara plantear. No había manera de que la desconfianza y el miedo interfirieran en ese amor.

El verdadero bienestar significa permanecer en un estado de profunda conexión con uno mismo y en cada momento tomar las decisiones que estén alineadas con nosotros. Esto implica recibir la información, distinguir lo que consideras correcto y confiar. ¿Y cómo hacemos esa distinción? No escuchando a la mente salvaje como un caballo desbocado, sino filtrando la información a través del corazón y del cuerpo, algo que aprenderás con la práctica. Comenzará a surgir una sabiduría intuitiva como una guía desde lo más profundo de ti, y con el tiempo te será cada vez más fácil escucharla.

Tuve una clienta que, ya fuera en un restaurante o en casa, no comía nada sin enviarme antes un mensaje de texto, y esperaba que yo aprobara sus elecciones alimentarias. También me escribía cuando algo le provocaba inseguridad, como recibir comentarios groseros en sus redes sociales. Le costaba mucho sentirse segura de sí misma, y ese miedo se manifestaba en su necesidad de que otros tomaran las decisiones por ella. Dependía de sus agentes y de su mánager para dirigir su carrera, con muy poca participación personal, y también confiaba en sus niñeras para la crianza de sus hijos.

Nuestro trabajo se centró en que adquiriera confianza en sí misma. Comenzamos con algo tan sencillo como que cocinara lo que le apeteciera, guiándola a sintonizar con su propia intuición acerca de lo que era lo más nutritivo para ella en ese momento. También trabajamos en practicar la respiración profunda desde el abdomen y la meditación, y en aprender a escuchar su intuición, en lo más profundo de su corazón y de su vientre. Con el tiempo, los mensajes de texto se fueron haciendo menos frecuentes, y su autosuficiencia y conexión con su seguridad interior fueron creciendo. Hoy confía mucho más en sí misma, está mucho más en sintonía con su intuición y toma (en su mayoría) sus propias decisiones sobre qué comer, cómo criar a sus hijos y qué rumbo tomar en su carrera. Esa es la verdadera confianza que ahora se refleja detrás de su hermosa sonrisa.

Lo que vale para ti puede no valer para los demás y al contrario, y ambas cosas están bien. Parte de trascender las trampas del Corazón Impulsado y alcanzar la paz significa dejar de ver que nuestra forma de actuar es la «correcta». Este orgullo bloquea el corazón. Y es ese orgullo lo que agota gran parte de nuestra energía al tratar de defendernos, convencer a los demás y obtener su aprobación. No necesitamos persuadir a nadie de nuestra verdad. Es suficiente con que sepamos cuál es, y hay un gran poder y paz en necesitar solamente esto.

La siguiente práctica te ayudará a vivir tu verdad en las decisiones diarias, tanto grandes como pequeñas, lo cual es una clave para lograr un bienestar integral y alcanzar la verdadera salud.

Práctica: Alinea el corazón y el intestino para conectar con tu cuerpo

Cuando estás verdaderamente presente, puedes acceder a la verdadera sabiduría. Puede que hasta ahora te haya parecido imposible sentir esto, con tu mente alborotada e inquieta como un caballo salvaje. Por eso debemos seguir descendiendo hasta las profundidades, hasta tu corazón y tu cuerpo. Y vayamos más allá de los pensamientos. Tu corazón y tu cuerpo son la entrada a una presencia pura y verdadera.

El momento presente es en el que puedes generar una buena salud. Es cuando conectas con tu mayor potencial, tomas las mejores decisiones y logras superar el comer compulsivamente por estrés y en exceso. Es cuando superas el miedo y accedes a un conocimiento intuitivo profundo, lo cual te lleva a la paz y a una inmensa creatividad.

Debemos estar presentes para tener más claridad y adoptar las resoluciones más convenientes cada día. Esto se aplica a tu vida familiar y laboral, y a la forma en que cuidas de tu cuerpo y de ti. Cuando trabajo de forma individual con mis clientes, la mayoría se sincera conmigo y me dice que no tiene idea de cuándo siente hambre o de qué es lo que le demanda el cuerpo que, a menudo, experimenta mucha ansiedad y dudas al tomar decisiones, tales como qué aceptar y qué rechazar.

Por ejemplo, enseñé esta práctica a una clienta de alto rendimiento, es decir, una mujer eficiente, de amplios recursos, capaz de maximizar su talento en el desempeño de sus actividades, con una personalidad tipo A,* a quien llamaré Madelyn. Cuando nos conocimos, vivía como un robot. Seguía un horario estricto, sin espacio para matices. Todos los días comía lo mismo, seguía idéntica rutina de gimnasio y realizaba su trabajo exactamente igual... ¡durante años! Me contó que actuaba así porque sentía ansiedad: temía que, si se desviaba de estos hábitos aunque fuera un poco, podría hacer las cosas «mal».

Al practicar la técnica de alineación corazón-intestino, Madelyn comenzó a hacer cambios. Empezó a adaptar su alimentación según las estaciones del año;

* N. del T.: Es un patrón de comportamiento caracterizado por una tendencia a la ambición, impaciencia, ansiedad, la necesidad de control y la urgencia. Suelen ser personas muy competitivas con una gran carga de estrés.

por ejemplo, se alimentaba más abundantemente en invierno, con «platos de cuchara», y con más ensaladas en verano. Comenzó a variar. Modificó sus costumbres para mantenerse en forma: a veces probaba una nueva clase de pilates, salía a caminar con amigas o simplemente se permitía descansar cuando sentía que lo necesitaba. Estaba encantada por experimentar una energía más natural, tener una piel más luminosa, sentir menos dolores y molestias, dormir mejor e incluso lograr tomar menos medicación. Esta versión más tolerante y relajada de sí misma le permitió explorar nuevas y distintas formas de desarrollar estrategias y comunicarse con su equipo, lo que generó aún más éxito en su vida profesional.

En lugar de quedarte atrapado en tu mente, estás viajando hacia lo más hondo de tu cuerpo y de ti. En este momento, en tu cuerpo reside la capacidad de percibir con claridad la conciencia pura y la profunda sabiduría sobre lo que ahora necesitas. Esta práctica va a despertar la inteligencia de tu corazón para generar una conciencia somática, es decir, una conciencia corporal. Lo haces desplazando tu atención hacia el corazón y, desde ahí, llevando esa conciencia hacia el cuerpo, especialmente hacia el intestino.

También hay neuronas y neurotransmisores en el intestino, lo que lo convierte en una especie de segundo cerebro. El nervio vago es el nervio craneal más largo del cuerpo; va desde el cerebro hasta el intestino grueso. Forma parte del sistema nervioso parasimpático y transmite información entre el corazón, el cerebro y el sistema digestivo. El intestino puede comunicarse con los centros cerebrales inferiores y activar algunos de nuestros instintos más primarios, como sucede con las reacciones viscerales o corazonadas.[28] Además, el intestino alberga el plexo solar, o chakra *manipura*, que según la filosofía védica y el yoga, es el centro de nuestro poder personal.

Cuando haces esta práctica y respiras con el corazón y el intestino como una sola unidad, mientras generas intencionalmente una emoción positiva, como la gratitud, *alineas el «cerebro» del intestino con el del corazón*. Entonces, el corazón armoniza de forma automática la comunicación entre él y la mente,[29] y te ayuda a escuchar de manera efectiva la profunda sabiduría de tu cuerpo.

Intenta hacer esta práctica, que no te costará más de un minuto, antes de tomar cualquier determinación acerca de qué hacer, qué dirección seguir, qué comer o cualquier otra decisión relacionada con el autocuidado. Así podrás acceder a tu propia inteligencia y sabiduría profunda para guiarte hacia la mejor elección. Estos son los pasos:

- **Coloca una mano sobre tu corazón y la otra sobre tu vientre, justo encima del ombligo.** Realiza unas cuantas respiraciones profundas y lentas. Centra toda tu atención en estas zonas de tu cuerpo. Siente cómo late tu corazón y observa cómo el aire viaja hasta lo más profundo de tu abdomen.

- **A continuación, haz varias respiraciones profundas, imaginando que estás respirando dentro y fuera de toda esta zona como una sola unidad, desde tu corazón hasta tu vientre.** Conecta estos dos centros poderosos de tu cuerpo, tu corazón y tu abdomen, a través de la respiración, como una unidad energética.
- **Continúa respirando profundamente de esta forma mientras generas intencionadamente una sensación de aprecio.** Consigues este sentimiento recordando a alguien querido o algo, un suceso especial de tu pasado, que te conecte con esta emoción que es una mezcla de gratitud, sorpresa y aprobación. Concéntrate en la sensación expansiva del aprecio y, una vez que logres conectarte con ella, deja ir la imagen de la persona o el hecho que has evocado. Esto te ayudará a ir más allá de los patrones mentales limitantes y a abrirte a una mayor receptividad.
- **Ahora hazle una pregunta a tu unidad corazón-intestino.** Debe ser una pregunta esencial cuya respuesta necesitas, como: *¿Cuál es la decisión correcta que debo tomar en estas circunstancias? ¿Debo decir sí o no? ¿Qué es lo que necesito? ¿Qué debo comer? ¿Qué debo hacer para cuidarme*

mejor? Puede parecer curioso hacerse preguntas uno mismo, pero es para ayudarte a desbloquear la respuesta desde un lugar más profundo.

- **Actúa según la intuición que recibas de tu unidad corazón-intestino.** Escucha cualquier orientación que surja desde lo más profundo de tu centro. No intentes obtener esta respuesta desde la mente, sino que presta toda tu atención al corazón y al intestino para encontrarla. Con el tiempo y la práctica, podrás escuchar con más facilidad estas respuestas de tu cuerpo, como un saber intuitivo o una visión más profunda. Podrás vislumbrar desde qué decisión personal o profesional debes tomar hasta qué camino seguir. O quizás tu cuerpo te dirá que necesita una comida caliente en lugar de una ensalada, o lo contrario. Puede que te advierta que necesita descansar o moverse, o que, aunque tu mejor amigo está siguiendo un nuevo programa y quiere que lo acompañes, eso no es lo que te conviene.

Aunque puedes reunir todo tipo de información, en última instancia eres tú quien posee la sabiduría para decidir qué es lo mejor para ti. Y puedes acceder a esta sabiduría siempre que lo desees, superando la mente que piensa en exceso y conectando con la inteligencia de tu corazón y la guía de tu propio cuerpo.

DEJAR DE INTENTAR CONTROLAR LA VIDA

Puesto que el Corazón Impulsado, en su esencia, lucha por encontrar significado y verdad, como enseñó Sri Yukteswar, a menudo hace planes que pueden ser reconfortantes. Planes como qué haremos los siguientes fines de semana o los próximos cinco años, la edad en la que nos casaremos o nos compraremos una casa, o incluso cómo será nuestra futura trayectoria profesional, pueden darnos la sensación de tener un rumbo preciso. A la mente le gusta eso, porque produce una sensación de seguridad, mientras que lo desconocido resulta aterrador para la mente lineal, de la misma forma que también le agrada cuando otros están de acuerdo con nuestros propósitos e ideas, porque eso refuerza la sensación de seguridad y la creencia de que nuestro camino es el «correcto».

Desde luego que los planes pueden ser útiles y hay un beneficio práctico en organizar horarios y establecer unas líneas de tiempo básicas. Pero surgen problemas cuando concebimos unas expectativas rígidas acerca de que nuestros planes y nuestra vida *deben* desarrollarse exactamente como lo esperamos. Podemos engendrar un sentimiento inflexible de seriedad e importancia en torno a esos planes.

En esencia, intentar controlar y planificar en exceso la vida proviene de una mentalidad de carencia y corta nuestro caudal de abundancia. El control lo reduce todo a una única forma específica, lo cual puede parecerle seguro al ego, pero en realidad no lo es. En cambio, cuando permanecemos abiertos, estamos conectados con el todo, lo que significa que cosas y oportunidades increíbles pueden manifestarse de maneras infinitas que la pequeña mente no puede anticipar ni planificar. Cuando dejamos de forzar nuestro camino, nos abrimos. Y la apertura es una parte *fundamental* de la abundancia.

Fue mientras viajaba por el mundo, sintiéndome pletórica, luminosa y abierta, cuando me topé, literalmente, con Deepak Chopra en la calle, en la esquina de la calle 16 con Union Square East, en la ciudad de Nueva York. Y aproveché la oportunidad. Resuelta, me acerqué a él y le recordé que, aunque no nos habíamos conocido en persona, había tenido la generosidad de hacer la reseña de mi tercer libro, *Solución detox para la belleza natural.* Ese encuentro trajo consigo que estuviéramos más en contacto en las semanas y meses siguientes, lo que casualmente nos indujo a coescribir un libro llamado *Belleza radical*. Mi mente analítica y reflexiva no podría haber imaginado nunca que algo así ocurriría.

Por eso, es fundamental deshacerse de la tendencia al control para superar las limitaciones que creemos tener y abrirnos a la energía y la abundancia en nuestra vida y reducir el estrés, a la vez que es una extraordinaria manera de abrirnos a una mayor vitalidad en todos los niveles.

Empecemos a desmantelar esa predisposición al control con un poco de conciencia. En primer lugar, todos sabemos que la vida no siempre colabora con nuestros grandes planes, y cuando no sigue el plan, sentimos un detonante emocional, una especie de sacudida interna: «Uh oh». Si prestas atención, notarás que esos detonantes te provocan cambios físicos: puede que se acelere tu ritmo cardíaco, que el tono de tu voz se vuelva más agudo o rápido, que tal vez tu cuerpo se tense o que empiece a moverse de forma más rígida o apresurada.

Mientras que esos detonantes se sienten en el cuerpo, se genera la oposición en la mente, que dice: «¡Espera, esto no formaba parte del plan! No me gusta», y adopta muchas formas, como la de sentirnos molestos, enfadados, irritados, frustrados o absolutamente decepcionados cuando no se cumplen nuestras expectativas vitales.

En la vida cotidiana, la oposición se manifiesta en enfadarse cuando el tiempo no es el que esperabas, cuando hay un tráfico enorme y paralizante, cuando te trastornas sobremanera al esperar a alguien que llega tarde o no está de acuerdo con tu forma de hacer las cosas (por ejemplo, en cómo crías a tus hijos o en una opinión política), cuando te irritas de forma desmesurada porque las llaves del coche no están en su lugar de siempre y no las encuentras. En un aspecto más amplio, puede significar sentir una frustración constante frente a las presiones de la vida. Como cuando esperabas conocer a alguien, casarte y tener dos hijos antes de cierta edad, y eso no ocurre. O cuando tu trayectoria profesional no se desarrolla exactamente como esperabas.

La oposición provoca un caos emocional y acumula tensión en el cuerpo, lo que activa respuestas de estrés que, con el tiempo, nos debilitan, nos envejecen y nos desgastan. Crea un desorden interno que se manifiesta como estrés y que impide que los centros superiores del cerebro funcionen de manera eficaz.[30] Cuando comenzamos a sentir caos en nuestros pensamientos, nuestro cuerpo también entra en un estado de confusión. La tensión puede acumularse en el diafragma, lo que restringe la respiración profunda. Entonces empiezas a respirar de forma más superficial y a sentirte más atrapado en tus pensamientos. La *vida* comienza a sentirse más constreñida y desafiante.

Por supuesto que hay desafíos reales con los que tenemos que batallar. Quizás no tengamos el dinero para el alquiler de la casa, y eso es real: es preciso encontrar la manera de pagarlo. Podemos responder con la oposición y el estrés, como acabo de describir, y así dañar nuestros órganos, debilitar nuestro sistema inmunitario y pasarnos la noche en vela preocupándonos. Cualquiera que haya probado esto (incluida yo) puede dar fe de que no ayuda en absoluto.

Entonces, ¿qué hacemos? Armonizarnos con la vida. Aceptar que no podemos controlarla, y está bien. Está bien porque siempre podemos usar la inteligencia del corazón y avanzar de la mejor manera posible, sin todo ese estrés innecesario y nada útil.

Cuanto más te armonices con la vida, mejor empezará a salir todo y más fecunda se volverá tu existencia. Te sorprenderá descubrir que existe una forma completamente nueva de hacer las cosas: el camino de tu poderoso corazón. Y eso lo va a cambiar todo.

ARMONÍA: LA VERDADERA OPOSICIÓN AL ESTRÉS

Si intentar controlar la vida genera estrés, ¿qué es lo que crea lo contrario, es decir, expansión y fluidez? La armonía.

La armonía nace de la coherencia. La coherencia comienza dentro de nosotros, cuando nuestro corazón se sincroniza con el cerebro, el sistema nervioso y el resto de los sistemas y órganos del cuerpo. Entonces se genera armonía, que amplía esa sensación de estar en sintonía con los acontecimientos, las personas y toda la vida tal como se presenta en cada momento.

La armonía es una extensión de la totalidad: es estar en alineación y unidad con el todo, lo que la convierte en un poderoso estado de abundancia. La armonía es también verdadera resiliencia, lo que significa que te mantienes en tu corazón sin importar lo que se cruce en tu camino y evitas caer en la oposición o en una respuesta de estrés. Te mantienes flexible y simplemente te adaptas, fluyendo con la vida tal como se manifiesta en cada momento. Es tu corazón que dice: «¿Este camino está cerrado? ¡No hay problema! Vamos por este otro sendero» o «¿Esto no salió como esperaba? No te preocupes, solo es necesario que ajustemos lo que sea indispensable». Armonizarte con la vida te generará mucha más claridad, abundancia y libertad.

Simplemente eliges lo que tu corazón te conduce a hacer en ese momento y continúas adelante. Punto. La armonía se crea en cada momento, en lugar de luchar contra pensamientos negativos y contra el cansancio nacido porque la vida no está cumpliendo con tus planes y rígidas expectativas. Cuanto más transites por el camino armónico, la armonía se convierte más en tu estado preestablecido.

Al final del día, ¿a quién le importa si los planes no se cumplen de forma exhaustiva? Al ego. Pero si pones en práctica la inteligencia de tu corazón y su sabia perspectiva, descubrirás que a él no le interesa si los planes no ocurren exactamente como esperabas. El corazón siempre puede mostrarte el camino para mantenerte en armonía, calma y fluidez, incluso si es un camino diferente. Y eso es lo realmente importante.

Con la armonía, la paz se expande y el éxito también. Los objetivos siempre se logran mucho mejor cuando hay armonía. Los matrimonios funcionan en un entorno armonioso y la armonía da lugar a grandes amistades. Las empresas crecen cuando hay armonía dentro de sus equipos y una comunicación armoniosa con sus clientes. La armonía se siente como si las necesidades de todos se cubrieran de una forma tranquila y pacífica. En lugar de pensar en lo correcto o lo incorrecto, el pensamiento se transforma en: «Hay una manera de que todos salgamos ganando, porque aquí todos somos iguales». Dejamos atrás la necesidad de juzgar, de defendernos o de tratar de convencer a los demás.

LA ARMONÍA COMIENZA EN EL INTERIOR

No importa cuáles sean las circunstancias externas ni cuánto hayas creído que el estrés es inevitable: puedes aprender a crear armonía y resiliencia en tu vida, desde el corazón hacia fuera. Cuanto más vivas en paz en tu interior, más fácil será encontrar esa paz en tu entorno. Por otro lado, si sientes el caos dentro de ti, verás el caos en el mundo.

La armonía en tu vida se origina en el corazón, el principal oscilador biológico que marca los ritmos del cuerpo, un concepto introducido en el capítulo tres. Cuando creas coherencia en el ritmo de tu corazón, comienzas a generar sincronización, es decir, armonía, en todo tu sistema nervioso y en los demás sistemas de tu cuerpo.[31] Tu sistema nervioso es una parte fundamental de cómo percibes y sientes seguridad en el mundo. Conseguir regularlo es esencial para mantener la coherencia y crear paz y armonía en tu vida. Yogananda incluso dijo: «Si tienes un sistema nervioso calmado, tendrás éxito en todo lo que emprendas».[32]

La armonía transformará tu cuerpo y tu vida. Te auxiliará a la hora de evitar padecer y proyectar ira, frustración e irritación contra el mundo exterior. Te permitirá comunicarte de forma más eficaz. Te ayudará a tender puentes y crear conexiones más intensas con los demás, así como conseguir con éxito aquello que deseas. La armonía también contribuirá a que rompas con hábitos dañinos como comer por estrés, adormecerte con el alcohol o las pantallas, y otras formas de lastimar tu cuerpo.

Para entender lo poderosa que puede ser, veamos primero cómo la armonía, nacida de la inteligencia del corazón, puede ayudarte a gestionar el estrés y cómo esto se refleja en el impacto comprobado que tiene sobre tus hormonas. Las hormonas son los mensajeros químicos vitales de tu cuerpo y afectan a muchos procesos diferentes, incluyendo tu estado de ánimo, la manera en que metabolizas los alimentos, cómo concibes hijos y cómo duermes.

La respuesta al estrés activa toda una cascada de hormonas en tu cuerpo, entre ellas el cortisol, conocido como la hormona del estrés. El estrés puede provocar niveles elevados de cortisol, lo cual nos perjudica de muchas atroces maneras. Entre ellas: destruye células cerebrales,[33] inhibe el crecimiento y la regeneración de la piel (por eso el estrés hace que aparezcan o se incrementen tus arrugas),[34] aumenta la pérdida ósea,[35] reduce la utilización de la glucosa[36] y favorece la acumulación de grasa (especialmente en el abdomen, la cintura y las caderas).[37]

Por otro lado, la hormona DHEA puede reducir el cortisol y ayudar a prevenir la depresión, la ansiedad y las enfermedades cardiovasculares; asimismo, se ha demostrado que contribuye a aumentar la energía y la vitalidad. La DHEA también desempeña un papel óptimo en la fertilidad. Las investigaciones muestran que, al aplicar tu propia inteligencia del corazón, puedes influir positivamente en tu equilibrio hormonal al cambiar tus percepciones y emociones.

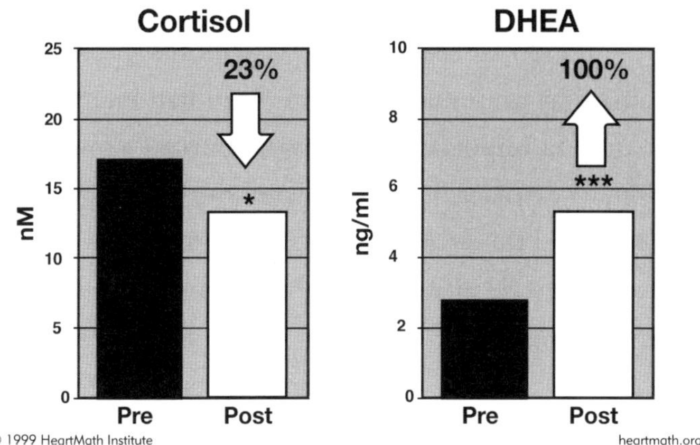

Mejoras en los niveles hormonales, indicadas por un aumento del 100% en los niveles de DHEA y una disminución del 23% en el cortisol, después de un mes de práctica con herramientas de coherencia cardíaca. (Cortesía del Instituto HeartMath).

El Instituto HeartMath decidió probar el efecto del corazón sobre las hormonas mediante un estudio que utilizó una técnica diseñada para generar coherencia cardíaca en los momentos en que se comienza a sentir angustia o malestar. En tan solo un mes de practicar la herramienta de coherencia cardíaca, que también incluía conectar con el corazón y generar de forma consciente emociones positivas, como la gratitud, los participantes aumentaron un cien por cien sus niveles de DHEA y redujeron en un veintitrés por ciento sus niveles de cortisol.[38] Esta investigación es muy interesante porque demuestra que podemos aprender a fortalecernos para crear equilibrio hormonal desde nuestro interior, sin necesidad de ayudas externas como los medicamentos.

El método HeartAlign para la armonía interior y las herramientas presentadas en este libro han incorporado parte de esta importante investigación para aumentar la coherencia cardíaca, junto con la sabiduría ancestral e intuitiva, con el fin de ayudarnos a permanecer en ese poderoso estado de armonía y ser cada vez más resilientes frente al estrés de la vida diaria.

Método HeartAlign para la armonía interior

El método HeartAlign para la armonía interior es una forma rápida y eficaz de crear armonía y equilibrio en cada momento de la vida diaria utilizando la inteligencia del corazón. Es una adaptación de las técnicas e investigaciones del HeartMath, en la que, después de conseguir la coherencia cardíaca, te conectas directamente con la guía intuitiva de tu corazón para acceder a tu propia sabiduría interior. Esto te permite tener un punto de vista diáfano acerca de cuál es el paso más armónico que debes realizar en cualquier situación, evitando el estrés y el abuso de pensamientos confusos y generando, en cambio, pingües resultados y de mayor éxito.

No se trata de una meditación, sino de una técnica práctica que puedes aplicar en cualquier momento de tu vida cotidiana, que es justo donde reside nuestro potencial para generar armonía. Se puede practicar en tan solo un minuto, y te ayuda a conectar con el poder de tu corazón y a pasar de una mentalidad negativa o divisoria a un estado más armonioso y coherente.

Yogananda dice: «Primero debe sentirse en armonía consigo mismo; entonces encontrará armonía en su interacción con todos los que se cruce en su camino».[39] Este método te será de gran ayuda, si te ha resultado muy problemático encontrar armonía con los demás, sobre todo con quienes te generan conflicto o tienen ideas diferentes a las tuyas.

Puedes practicar esta técnica en la oficina, en un restaurante, mientras hablas por teléfono o incluso viendo un partido de béisbol. Aunque algunos pasos se parecen a los de la Meditación HeartAlign, este planteamiento está diseñado para ayudarte a adaptarte en tiempo real, a lo largo de tu jornada, y generar de este modo cambios poderosos hacia una mayor armonía en tu vida diaria. Y cuanto más la practiques, más armoniosa y exitosa se volverá tu existencia.

Estos son los principales pasos:

1. Date cuenta del detonante emocional que te causa oposición, estrés o cualquier reacción que rompa tu armonía interior.
2. Relaja tu cuerpo.

3. Desplaza tu conciencia a tu corazón y haz algunas respiraciones lentas y profundas; imagina que estás inhalando y exhalando a través de tu corazón.
4. Genera tú mismo el sentimiento de aprecio al recordar a una persona o un hecho que te ayuden a conectar con esa sensación expansiva.
5. Indaga en la guía de la inteligencia del corazón sobre cómo crear armonía en ese momento o situación.
6. Actúa según la guía de tu corazón.

Lo que sigue es una explicación un poco más amplia de estos pasos:

1. **Date cuenta del detonante emocional que te causa oposición, estrés o cualquier reacción que rompa tu armonía interior.** Reconoce las sensaciones físicas y las señales cuando abandonas la armonía, cuando dejas de sentirte en calma. Observa si el ritmo de tu corazón se acelera o si tu respiración se vuelve más superficial. Quizás notes tensión o rigidez en los hombros o en el abdomen. Mantente alerta.

   Si ya te encuentras en una situación de oposición, como estar nervioso y alterado, hablar a alguien de forma arisca, cerrar tu corazón para no sentir emociones o juzgar a los demás, intenta hacer una pausa tan pronto como puedas. Luego continúa con el resto de los pasos.

2. **Relaja tu cuerpo.** Relaja tu cuerpo practicando el método de Yogananda de tensar y relajar todos los músculos del cuerpo tres veces, que te expliqué en la Meditación HeartAlign del capítulo tres. O bien inhala profundamente y, exhalando de la misma forma, relaja todo tu cuerpo e imagina que liberas toda la tensión acumulada. Cuanto más relajado esté tu cuerpo, más fácil te resultará mantener o restaurar la armonía y la coherencia.
3. **Desplaza tu conciencia a tu corazón y haz algunas respiraciones lentas y profundas; imagina que estás inhalando y exhalando a través de tu corazón.** Desplaza tu conciencia hacia tu corazón. Olvídate del detonante y de todo lo demás que pueda estar sucediéndote mientras te conectas con tu verdadero centro de poder: tu corazón. Recuerda que centrar tu atención en el corazón mejora la comunicación entre él y el cerebro, restaura el equilibrio del sistema nervioso y promueve la coherencia emocional.[40] Ánclate en tu corazón respirando profunda y lentamente, imaginando que inhalas y exhalas a través de él. La respiración profunda y pausada te ayuda a mantener la coherencia y la conexión con tu poder interior cuando surgen detonantes, falta de armonía y reacciones de estrés.

4. **Genera tú mismo el sentimiento de aprecio recordando a una persona o un hecho que te ayuden a conectar con esa sensación expansiva.** Crea una sensación de aprecio en este mismo momento. Esto implica recordar, en medio de tu vida cotidiana, algún acontecimiento del pasado o a seres queridos que te ayuden a conectar con esa sensación expansiva de gratitud. Aunque solo consigas mantener ese sentimiento diez segundos, cumple un papel crucial al neutralizar reacciones negativas.
5. **Indaga en la guía de la inteligencia del corazón sobre cómo crear armonía en ese momento o situación.** Mantén tu enfoque en el corazón y busca orientación en tu interior. Puedes preguntarle directamente a tu corazón: «En estas circunstancias, ¿qué debería hacer o decir para crear armonía?» o «¿Qué puedo hacer para generar el mejor y más armonioso de los resultados?». Siente lo que tu corazón tiene que decirte a través de percepciones intuitivas y soluciones prácticas, serenas y nítidas. Recuerda que tu corazón tiene una poderosa inteligencia que te proporcionará respuestas cuando realmente las busques y sintonices con ellas. Como con cualquier método, cuanto más practiques preguntando a tu corazón y escuchando lo que te contesta, más claramente podrás reconocer los mensajes de su inteligencia.

Los mensajes de tu corazón se te pueden presentar como una sensación, como una guía sobre qué tienes que hacer o como una confirmación de algo que en el fondo tú ya sabías. A menudo experimentarás un cambio en tu percepción, y en ocasiones tu corazón te dirá algo que es posible que a tu ego no le guste, como: «Déjalo». Mantente abierto a lo que surja.

6. **Actúa según la guía de tu corazón.** La acción correcta va a surgir desde tu corazón. Pero necesitas reentrenarte y cultivar la paciencia para aprender a escuchar y actuar según la inteligencia de tu corazón.

   Es realmente importante *tomar medidas* basadas en la guía de tu corazón para orientar tus decisiones, actos y palabras. Céntrate en ralentizar en lugar de acelerarte de forma automática. Se necesita mucha energía para no reaccionar como siempre, pero si sigues recorriendo estos pasos con sinceridad, podrás liberarte de pautas que te limitan y lograr transformaciones increíbles en tu vida.

   Aun así, incluso cuando empieces a escuchar a tu corazón, puede que no siempre lo sigas. A veces eliges ir por otro camino, porque ciertos patrones de pensamiento, percepciones o reacciones pueden ser muy difíciles de cambiar. Y eso está bien. Estás desarrollando tu conciencia sobre lo

> que proviene o no de la inteligencia del corazón. Y esa conciencia es la clave para transformar tus comportamientos y tu vida, incluso si eso te exige mucho tiempo. Es un viaje.

Esta práctica me enseñó que la clave para crear más armonía cada día de mi vida era liberar. Mi corazón me mostró que podía desprenderme de malentendidos, de comentarios displicentes, como los de una persona mayor que a veces se ríe y hace comentarios con cierta burla sobre el largo cabello de mis hijos, que antes me tomaba tan en serio y de manera tan personal. Solía sentir una ira abrasadora y deseaba contestarle groseramente. Ahora veo que ella es así, y les digo a mis hijos que no le hagan caso, que está acostumbrada a otro tipo de peinado, y que no pasa nada porque la gente tenga esas insignificantes opiniones. Mi corazón me mostró que podía dejar de controlar cada minúsculo detalle en la creación de nuestro nuevo sitio web, callar y no discutir con mi marido acerca del tiempo que les permitía a mis hijos pasar frente a la pantalla cuando yo estaba en una reunión, y un millón de otras cosas más. Esto me llevó a una mayor fluidez de energía y a una paz en mis días increíble.

Le enseñé una versión simplificada a mi hijo mayor, que solía temer las caminatas por el campo que su clase hace los viernes y siempre se quejaba de ellas.

En lugar de oponerse, le mostré cómo relajarse, cómo entrar en su corazón y conectar con el sentimiento de aprecio, y luego afrontar las caminatas con una actitud más neutra. ¿Adivinas qué? Las quejas desaparecieron. Me dijo que, al fin y al cabo, no eran tan engorrosas, e incluso se puso muy contento cuando le compré un nuevo par de botas para hacerlas.

Cuanto más practiques este método, más fuerte estarás para cambiar tus reacciones y hacer de la armonía tu forma natural de estar en el mundo. Y eso, con el tiempo, transformará tu vida de una manera profunda.

Momentos indicados para practicar el método HeartAlign para la armonía interior

- A lo largo del día cada vez que tengas que tomar pequeñas o grandes decisiones o cuando tengas que interactuar.
- Cada vez que tienes que tomar una decisión o hacer una elección y no estás seguro.
- Al abordar decisiones y situaciones relacionadas con el hogar y la familia, especialmente al evaluar lo que es mejor para todos.

- Al manejar decisiones y situaciones laborales, sobre todo cuando hay muchas personas y personalidades involucradas, y estás pensando qué es lo que más conviene a todo el mundo.
- Al tener que enfrentarte a situaciones o personas que te desafían o te generan conflicto.
- Antes de responder a un comentario, correo electrónico, mensaje de texto o cualquier otra cosa que haya disparado tus emociones.
- Cuando tienes que olvidar la energía desarrollada en tu jornada laboral porque es tu tiempo de descanso o son los momentos que pasas con tus seres queridos.
- Al final del día, como parte de tu rutina nocturna, repasar lo vivido y encontrar una resolución interna a situaciones que quizás aún necesites abordar, de modo que puedas descansar y dormir bien.

¿REALMENTE ESTÁ HABLANDO EL CORAZÓN? ¿O ES EL EGO?

Una de las habilidades más importantes y provechosas que puedes desarrollar a lo largo de tu vida es la capacidad de determinar si los mensajes provienen de tu corazón o del ego. Esto es crucial porque evitará que pienses en exceso y eliminará las expectativas rígidas y negativas que llevan al estrés y te bloquean el flujo de abundancia. Esta habilidad hará que el método HeartAlign para la armonía interior sea cada vez más efectivo.

Estar en contacto con el corazón energético, un punto de acceso para el Verdadero Ser, es una medicina para el Corazón Impulsado. A medida que el corazón energético continúa abriéndose, el conocimiento intuitivo y profundo reemplaza al exceso de pensamientos y confusión. Tu vida cambiará. Se volverá más sencilla y mucho más tranquila.

El ego puede confundirse con el corazón. Pero recuerda que las emociones y los pensamientos intensos y erráticos sentidos como mezquinos, conflictivos o críticos son del ego. Definitivamente, esto no es la inteligencia del corazón. El camino del ego es rígido y a menudo ve a los demás como equivocados o perdedores; por ejemplo, el ego define como equivocados la dieta que otros siguen, el tipo de educación que dan a sus hijos o las afiliaciones políticas o religiosas en las que creen, y los tuyos como los correctos. Esto puede bloquear tu conexión con personas maravillosas que podrían mejorar tu vida.

El corazón es tranquilo y pacífico y su energía es expansiva. Lo percibes como si te alejaras del hecho concreto para ver una perspectiva más amplia, una que te muestra el camino hacia soluciones que benefician a todos. A veces, los mensajes del corazón son bastante sutiles. Es como colocar una concha marina en tu oreja y escuchar, atentamente, los sonidos de su interior. Es una sintonización. No va a gritarte, por lo que necesitas escuchar conscientemente.

Escuchar a tu corazón es como ser guiado sin palabras. Tu corazón puede hablarte de manera diferente, tal vez en forma de imágenes que surgen en tu conciencia. En cualquier caso, mantente abierto y alerta, y, cada vez más, comenzarás a escuchar y a escuchar mejor. Escuchar la inteligencia de tu corazón, que siempre está disponible para ti, es una habilidad que puede cambiar tu vida. ¿Te proporcionan paz un pensamiento o una decisión? Si es así, provendrán del corazón. No todas las decisiones te harán sentirte bien, pero habrá una sensación de paz que, a veces, puede ir acompañada de dolor, tristeza o pérdida, pero esa paz subyacente siempre estará ahí.

Por lo general, pensarás solo lo que es, sin demasiados recovecos reflexivos. Si tus pensamientos o acciones no te traen paz, y van acompañados de cháchara, como defender tu decisión o posición, o juzgar, el ego está ahí y no el corazón; como consecuencia, aparecerá una falta de armonía que habrá que limpiar más adelante y la energía se desperdiciará.

Cuanto más practiques vivir desde tu corazón, más fácil se vuelve y más forma parte de tu vida. Te ayudará a desacelerar y ver otra forma de llegar a la armonía, cosa que tu mente y tus pensamientos nunca pudieron hacer. A medida que incorpores el corazón a tu vida, te va a encantar vivir basándote en él, y así cada vez rendirás más.

En última instancia, el poder de tu corazón te guiará lejos de los peligros de la gratificación instantánea y hacia la felicidad, la paz y la satisfacción a largo plazo que se crean al cultivar la coherencia.

Cuando tu amiga te responde de manera brusca sin motivo, tu ego te dice que la ignores durante días. Pero tu corazón te pide que dejes de lado tu propio dolor y te acerques a ella con compasión. Descubres que estaba preocupada por los resultados de unas pruebas médicas que acababa de recibir, y al saberlo, puedes comprender su actitud descortés, que no tenía nada que ver contigo, e intentas animarla y apoyarla. La perspectiva ampliada de la inteligencia del corazón te permite cuidarla y estar ahí para lo que necesite. También evitas el melodrama, las emociones innecesarias y la confusión entre el corazón y el cerebro. En su lugar, la conexión vigorizante y la coherencia crecen en tu vida y en quienes están a tu alrededor, incluida tu amiga.

Comienzas a ver dos opciones: seguir el viejo patrón automatizado en el que has estado atrapado o continuar por el camino de la paz y la ligereza, que es el camino de tu corazón. Con el tiempo, seguir la inteligencia de tu corazón es más fácil a medida que te diriges de forma intencionada hacia él y luego compruebas que tu vida funciona mejor. Tienes menos problemas con los demás y disfrutas de más éxito en el trabajo y en todas tus relaciones.

Gandhi nos enseña la diferencia entre cabeza y corazón

El mayor poder de Gandhi para conducir a la India hacia la independencia de los británicos fue su voz interior: «Una pequeña voz dentro de nosotros nos dice: "Estás en el camino correcto, no te desvíes ni a la izquierda ni a la derecha, mantente en el carril estrecho y recto". Nunca me ha fallado, ni a mí ni a nadie. Y cualquiera que lo desee puede escuchar esa voz. Está dentro de todos».[41]

El periodista estadounidense Vincent Sheean una vez le preguntó cómo estaba tan seguro de escuchar su voz interior. Sheean dijo: «Otros oyen voces interiores y no están tan seguros».[42] Parecía referirse a si la voz interior realmente provenía del corazón, del Verdadero Ser, del Espíritu interior, o del ego o la mente limitada.

Gandhi respondió que «la [renuncia] precede a la certeza».[43] Estaba esencialmente diciendo que solo una vez que renunció a sus propios deseos, pudo estar seguro de que la guía de la voz interior provenía de su corazón, o del Espíritu hablándole a través del corazón, en lugar de ser una proyección de su ego. Al aprender esta importante habilidad de la inteligencia del corazón y adherirse a ella, Gandhi pudo apoyarse, una y otra vez, en la guía fiable de su corazón. «Los grandes líderes son grandes seguidores. Se esfuerzan por entregar sus propios apegos y deseos para poder recibir la guía del universo a través de su voz interior», escribe Hitendra Wadhwa, profesor de la Columbia Business School, en su libro *Inner Mastery, Outer Impact* [Dominio interior, impacto exterior].[44] Esto era cierto en el caso de Gandhi.

¿Cómo nos rendimos? Cuando buscamos la guía en nuestro corazón, mediante el método HeartAlign para la armonía interior y otras herramientas, nos rendimos a su sabiduría todopoderosa. Nos sometemos a los pequeños mensajes y a la guía que provienen de nuestra propia voz interior, que surge de nuestro corazón. Solo necesitas ser más consciente. Te irás sintonizando cada vez más con la increíble inteligencia de tu corazón.

TRANSFORMAR TU RELACIÓN CON EL TIEMPO

La presión del tiempo puede provocar mucho estrés al Corazón Impulsado. La mente te dice que te apresures para hacer más, para ir de un lugar a otro. Puedes sentir el apremio de que las horas del día son insuficientes para todo lo que tienes que llevar a cabo, o eso te dices. Los pensamientos caóticos que no están sincronizados con el corazón crean una «energía de la prisa», y te producen una sensación de urgencia y la necesidad de estar siempre ocupado, lo que te genera un ritmo cardíaco más rápido e irregular, y te desequilibra aún más la comunicación entre el corazón y el cerebro, así como con el sistema nervioso. De repente, nos invade una oleada de pensamientos que nos empujan a acelerarnos, que nos dicen que ni estamos haciendo lo bastante ni *nosotros* somos lo bastante eficientes.

El corazón tiene su propio ritmo calmado, que es muy inteligente y, por lo tanto, sumamente eficaz. Nunca necesita dejarse arrastrar por el ritmo agitado del mundo que lo rodea. Lo cierto es que lograrás más o menos las mismas cosas en el mismo tiempo, ya sea con esa energía frenética y ansiosa que destroza tu cuerpo y tu paz, o sin ella. Sé que si me dejo atrapar por el ajetreo febril de la práctica matutina de preparar almuerzos, desayunos y llevar a los niños al colegio, todo lo siento más fatigoso y difícil, por lo que acabo agotada a las ocho de la mañana, en comparación con cuando soy capaz de mantener la calma.

Aprende a vivir desde el ritmo tranquilo de tu corazón. Es el más efectivo, porque en su profunda inteligencia, cuando no bloqueas su poder, puede encontrar las mejores soluciones de forma intuitiva y no lineal.

Cuando empieces a sentirte agobiado, lo más importante es centrarte en alcanzar una mayor coherencia cardíaca. Orienta la atención a tu corazón y realiza unas cuantas respiraciones profundas y lentas, tal como has aprendido con las prácticas de HeartAlign. Incluso unos pocos segundos pueden ayudarte a salir de la sensación de constricción del momento presente, al enfocar tu atención en la energía del aprecio.

Hacer este pequeño cambio de focalización hacia tu corazón, al mismo tiempo que eres consciente de que estás experimentando la «energía de la prisa», te ayuda a reconectarte con ese momento de la vida, sintiéndote más tranquilo y centrado. Recuerda que no tienes por qué correr ni apresurarte, solo debes actuar con cuidado y atención, y entonces todo se desarrollará de la mejor manera posible.

VIVIR DESDE EL CORAZÓN: consejos de estilo de vida para apoyar al Corazón Impulsado y trascenderlo

A continuación, te expongo algunos consejos prácticos de estilo de vida y herramientas que recomiendo para seguir apoyando el viaje de tu corazón, tanto en este momento como en su proceso de despertar más allá de la fase del Corazón Impulsado:

- **Cuida tu salud intestinal a diario.** Es absolutamente fundamental cuidar de todos tus «cerebros»: el que está en tu cabeza, el que está en tu corazón y el que está en tu intestino. La salud intestinal es indispensable para el bienestar en general, para mantener un estado de ánimo más positivo y para la salud mental y física, incluyendo una mejor digestión y mayor inmunidad. Tu salud física es una de las llaves que abren tu corazón. Necesitas vitalidad y energía para realizar este proceso, y querrás evitar, en la medida de lo posible, dolores, molestias y trastornos que drenan tu energía. Es importante consumir mucha fibra, ya que ayuda a regular el intestino y a crear ácidos grasos de cadena corta, que reducen la inflamación en todo el cuerpo. También es fundamental que evacúes con regularidad; esta es una de las formas más importantes de mantener una energía activa y una buena salud. No podemos tener vitalidad si estamos llenos de basura y desechos. Una manera de cuidar tu salud intestinal es tomando probióticos todos los días, ya que las bacterias beneficiosas de nuestro organismo pueden verse afectadas por el estrés, el azúcar, los alimentos poco saludables y muchos otros aspectos de la vida moderna. Desde hace mucho tiempo, soy una defensora apasionada de alinearnos con la naturaleza, ya que todos somos parte de ella, tanto en lo referente a la salud intestinal como a otros aspectos de los hábitos vitales. Por eso, tengo una especial preferencia por los probióticos de organismos basados en el suelo (SBO, por sus siglas en inglés), que imitan la forma en que nuestros ancestros solían consumir pequeñas cantidades de tierra al comer frutas y verduras sin lavar, lo que les aportaba de forma natural bacterias saludables y muy resistentes para el intestino. (Debido a una necesidad real que observé en el mercado, creé, con mucho interés, investigación y cuidado, una fórmula efectiva de probióticos SBO que contiene las proporciones adecuadas de cepas. Si sientes curiosidad, puedes consultar la sección «Recursos» o visitar mi página web, donde encontrarás más información).

- **Toma el batido *Power Protein*.** El Corazón Impulsado tiende a tener pensamientos de carencia, preocupaciones de que siempre falta algo o de que hay un vacío. Puedes calmar esa búsqueda constante tomando este poderoso batido diario, que contiene muchos de los nutrientes y elementos esenciales que tu cuerpo necesita: proteínas, semillas de chía, polvo de vegetales verdes y frutas enteras como el plátano o el açaí congelado (puedes encontrar la receta en mi página web). Cuando comencé a tomar este batido casi todos los días, me ayudó a simplificar mucho mi alimentación y también a reducir la sobrecarga mental en torno a qué debía comer. Normalmente lo tomo por la tarde, y por la mañana bebo el batido *Glowing Green* (batido verde detox).
- **Dedica una parte de tu tiempo a los masajes y automasajes.** El ayurveda enseña que cuidar de la piel, rica en terminaciones nerviosas, es una

excelente manera de equilibrar el sistema nervioso y ayudarte a reconectar con tu cuerpo y con el momento presente. El Corazón Impulsado suele deslizarse con facilidad hacia una energía ansiosa, quedarse atrapado en la mente y pensar demasiado. Por eso, calmar la piel y anclarte en el aquí y ahora puede ser un antídoto poderoso para fomentar una mayor coherencia y paz interior.

- **Haz ejercicios de estiramientos con regularidad durante diez minutos o más.** Mantenerte en uno de ellos al menos durante seis u ocho respiraciones, sin «hacer» nada, te ayudará a fortalecer tu «músculo de la quietud». Es una práctica maravillosa que te permite sintonizar más con tu respiración y con la calma que habita en todos nosotros. Toma conciencia de las zonas de tensión, tanto de tu cuerpo como de tu mente, y céntrate en suavizarlas y respirar a través de ellas.
- **Toma té de jengibre por las noches.** Es un excelente aliado digestivo que contribuye a calentar tu *agni*, o fuego digestivo, y te ayuda a centrarte de nuevo en ti mismo mientras lo bebes. Es una ayuda valiosa para calmar una mente hiperactiva, que te puede llevar al agotamiento en cualquier momento, pero especialmente al final del día.

Puntos clave del Corazón Impulsado: el inicio de la coherencia

- El Corazón Impulsado es un corazón empujado a la acción, impelido por la lucha interior de buscar significado y pertenencia.
- Hay más coherencia que en la etapa anterior, pero aún no está plenamente dirigida por el corazón. Por eso, en la etapa del Corazón Impulsado suele haber una tendencia a reflexionar y analizar en exceso, a experimentar inquietud y generar pensamientos basados en la carencia, así como a buscar en lo externo –objetos materiales, títulos, un cuerpo cada vez más «perfecto»– para sentir que uno es suficiente.
- Desbloquear el poder de tu corazón te permite sentir tu plenitud, y esa es la clave para encontrar la paz interior y generar con facilidad un mayor bienestar.
- La técnica de alineación corazón-intestino puede ayudarte a acceder a la sabiduría de tus otros dos «cerebros»: el de tu corazón y el de tu intestino. Esto te permitirá tener más claridad y creatividad, y tomar las mejores decisiones en todos los aspectos de tu vida.
- La armonía es la forma suprema de resiliencia al estrés, al aprender a pivotar y fluir con la vida en

lugar de resistirte a ella y caer en una reacción de ansiedad.

- El método HeartAlign para la armonía interior es una técnica inmediata que puedes practicar tan solo en un minuto y en cualquier momento, para ayudarte a acceder al poder de tu corazón, evitar el estrés y la negatividad, y crear armonía y coherencia.

Con el tiempo la extraordinaria energía del Corazón Impulsado se profundiza en una mayor coherencia. Sientes una creciente estabilización en tu día a día, que surge desde dentro de tu propio corazón, lo que te sostiene a lo largo de los altibajos de la vida. Empiezas a convertirte en tu propia ancla vital.

Comienzas a hacer la transición hacia la siguiente etapa del corazón, que es el Corazón Estable. Te esperan más equilibrio emocional, paz y coherencia.

Sigamos adelante en nuestro viaje hacia el corazón...

Capítulo 5

ETAPA 3

EL CORAZÓN ESTABLE: COHERENCIA Y CONEXIÓN

A medida que entramos en el Corazón Estable, ocurre algo extraordinario. Alcanzamos un punto de inflexión en nuestro viaje hacia el corazón, ya que esta es la primera etapa en la que el corazón comienza a guiar nuestra vida más que nuestro ego.

Sri Yukteswar enseña que los elementos esenciales de la vida son *sat* (existencia), *chit* (conciencia) y *ananda* (bienaventuranza): «Estas tres son las verdaderas necesidades del corazón humano y no tienen nada que ver con lo que esté fuera de su Ser».[45] El Corazón Estable surge cuando personificamos el tipo de autonomía de la que habla Sri Yukteswar, donde nuestras necesidades físicas básicas, todo lo que realmente precisamos, proviene de nuestro interior. Hay un ancla constante en nuestro corazón con la que podemos alinearnos a lo largo de la vida, sin importar lo que ocurra fuera de nosotros.

Nuestro corazón se convierte entonces en la fuente de la que mana de forma constante todo lo que antes pensábamos que dependía del mundo exterior: seguridad, confianza, amor, satisfacción, paz y, con el tiempo, a medida que seguimos despertando nuestros corazones, el despliegue de la verdadera dicha. Nuestro firme corazón nos devuelve a nuestro hogar interior, para experimentar el poder esencial de quienes realmente somos, momento a momento.

Imagina nuestro corazón como un refugio sólido y seguro en medio de un océano agitado. Una orilla eterna que es el consuelo frente a las olas de la vida. Aquí es donde encontramos nuestro Verdadero Ser, donde descubrimos la fuerza y el poder para superar cualquier obstáculo o desafío que la existencia nos depare, donde hallamos la paz que sobrepasa todo entendimiento.

Múltiples veces al día podemos sufrir una sucesión continuada de olas grandes y pequeñas. La estabilidad requiere la conciencia de cuándo hemos dejado la costa, la estabilidad del corazón, y nos hemos vuelto inestables al ser sacudidos por el oleaje del océano. Esto es una metáfora de aquellos momentos en los que nos identificamos plenamente con todo tipo de pensamientos, sentimientos y sensaciones físicas que van surgiendo. Entonces, el corazón inestable se mete en problemas porque cree todo lo que le dice la mente convertida en un caballo salvaje.

Cuando las olas de pensamientos y sentimientos intensos se levantan, incluyendo las viejas heridas del pasado que generan reacciones en el presente, debemos ser conscientes de que la incoherencia, la inestabilidad, está entrando, y simplemente tenemos que relajar nuestro cuerpo y nuestra mente, dejando que las sensaciones nos mojen, como si estuviéramos atravesando una cascada.

La prioridad es *ir al corazón*. En esos momentos, eso es lo único en nuestra lista de tareas pendientes. Es esencial abstenerse de hablar, decidir o actuar mientras estamos en medio de la sacudida por la avalancha de pensamientos, sentimientos y sensaciones. Al evitar enredarnos en el laberinto de narrativas e historias del ego, mantenemos nuestro centro. Por muy intensos que, en ese momento, notes los pensamientos y las sensaciones, todo pasará. Déjalo ir. Es como bajarse de la montaña rusa al final del recorrido: te sentiste agitado unos minutos, pero vuelves justo al punto donde comenzaste el viaje, ¡intacto!

La serenidad y la coherencia regresan una vez que sientas que te encuentras en la estable orilla de tu corazón, cuya extraordinariamente poderosa sabiduría (una sabiduría que está alineada con tus valores y con quién eres) surge para mostrarte el camino que debes seguir. Cuando actúas guiado por la sabiduría de tu corazón en vez de reaccionar impulsivamente, puedes sentirte bien contigo mismo y en cómo estás afrontando la vida. En su ensayo *Confianza en uno mismo*, Ralph Waldo Emerson dice: «Nada puede traerte paz, excepto tú mismo».[46]

A medida que empiezas a encontrar el camino de regreso y a descubrir el poder de tu corazón y quién eres realmente, también puedes ayudar a otros a descubrir el brillo de sus corazones.

LIBERAR TU INTELIGENCIA EMOCIONAL PARA TENER MÁS ÉXITO

Gestionar tus emociones para alcanzar el dominio de ti mismo, conocido como inteligencia emocional, te permitirá tener mejores experiencias y obtener mayores éxitos en tu día a día. Esto se debe a que la inteligencia emocional hace que mejores la forma de comunicarte, de expresar tus necesidades y que sean atendidas, al mismo tiempo que te sientes unido con los demás y con el mundo.

La inteligencia emocional cobra relevancia en la etapa del Corazón Estable, porque al encontrar esa firme ancla en tu corazón, desarrollas un mayor autocontrol emocional. La inteligencia creciente de tu corazón es la base de la inteligencia emocional.

Tus emociones ya no tienen que controlar la situación, y tú ya no tienes que sentir que estás a merced de sentimientos abrumadores.

La filosofía de bienestar holístico que enseño dentro de mi marca, Solluna, se centra en cuatro pilares: alimentación, cuerpo, bienestar emocional y crecimiento espiritual. A nivel personal, el pilar del bienestar emocional ha sido, de todos, el que me ha resultado más problemático. No poseía los medios para lidiar con unos sentimientos desmesurados y abrumadores, ni con lo que presencié a mi alrededor cuando era niña, así que me cerré en mí misma y enterré esos sentimientos, y también una parte de mí. Más adelante, esas tremendas energías, esos traumas que seguían muy presentes y alojados en mi cuerpo, comenzaron a generar altibajos emocionales, a veces cuando menos lo esperaba.

Tenía tanto dolor acumulado relacionado con no sentirme apta y adecuada que si algo siquiera rozaba esta apreciación –por ejemplo, cualquier comentario que yo interpretaba como que no me comprendían o no me veían de la manera en que quería ser vista–, explotaba y perdía el control. Aunque aparentemente pareciera que no pasaba nada, por dentro estaba hirviendo, como un volcán a punto de entrar en erupción. A veces, contra quien había hecho esa observación desarrollaba aversión y resentimiento, repulsión a estar cerca, a invitarlo o a ir a los mismos lugares en los que me lo pudiera encontrar. Todo era una forma de sentirme segura, pero como puedes imaginar, hacía mi mundo cada vez más pequeño. Fue mi esposo, Jon, quien me planteó las siguientes preguntas: «¿Por qué dejas que esa persona te moleste tanto? ¿A quién le importa?».

Durante más de una década, mi mejor amigo, John, me escuchó con paciencia por teléfono horas y horas, y me habló sobre esos sentimientos de activación para hacerme sentir bien y segura. Con el tiempo, dejé de necesitar esas charlas tan continuadas y largas con otra persona para sentirme tranquila y bien. Comencé a estar más en sintonía con las energías que se movían a través de mi cuerpo, en mi interior, y a darme cuenta de que las emociones, en realidad, son solo energía, y que tenía la fuerza y la visión en desarrollo para ver más allá de las historias. Pude ver que no tenía que creerme todos los pensamientos de la mente como «verdad». La práctica HeartAlign para la estabilidad vital es una práctica que utilizo todo el tiempo, a veces varias veces al día. Puedo decir con mucha gratitud que este trabajo del corazón realmente funciona, y cada vez es más fácil de ejercitar.

Entonces, ¿qué es exactamente la inteligencia emocional? Esta expresión se popularizó en 1995 con el revolucionario libro *Inteligencia emocional*, de Daniel Goleman. En él, el autor expuso investigaciones de vanguardia que confirmaban que el éxito en la vida se basa más en la capacidad de manejar las emociones que en las competencias intelectuales. La investigación de Goleman explica por qué personas con un coeficiente intelectual (CI) alto pueden no alcanzar el éxito, mientras que otras con un CI moderado pero con una mayor conciencia emocional que aplican de forma práctica en su vida diaria, lo que se conoce como *inteligencia emocional* (IE), pueden lograr un éxito extraordinario tanto en su trabajo como personal. Según los estudios, a diferencia del CI, la IE puede desarrollarse y aumentar a lo largo de toda la vida.

No tienes que ser un genio para ser feliz y tener éxito, aunque sí necesitas aprender a gestionar tus propias emociones. Esto requiere cierto esfuerzo para cambiar tus pautas, pero definitivamente puedes lograrlo desde tu corazón, que es todopoderoso. La inteligencia del corazón es la base de la inteligencia emocional. No es lineal, y no se trata de pensar para salir adelante. El pensamiento positivo lo puedes sentir forzado y falso y, a menudo, no logra cambiar tu estado de ánimo. Esto se debe a que tu mente puede conocer los pensamientos «correctos», pero aun así no seguirlos. Puede ser muy terca. Nuestras células nerviosas retienen y almacenan recuerdos acumulados del pasado con la carga emocional que se les asignó.[47] Eso significa que el dolor, los traumas y los recuerdos están almacenados en nuestro interior y pueden secuestrar nuestros pensamientos en el momento presente.

Enfocarse intencionadamente en generar por uno mismo *sentimientos* o *emociones positivas* centrados en el corazón, como la compasión, el cuidado, la gratitud y el amor, es una de las formas fundamentales de elevar tu inteligencia emocional. Esto se debe a que cuanto más tiempo permaneces en estos sentimientos, más poder tienes para cambiar tu estado de ánimo, transformar tu experiencia de vida y modificar los pensamientos que estás teniendo. *Por eso, siempre es más poderoso ir directamente al corazón y trabajar primero con sus emociones, ya que estas son las que luego transforman tus pensamientos.*

Aprendiste a generar por ti mismo sentimientos y emociones positivas del corazón con la Meditación Heart-Align y otras prácticas ofrecidas a lo largo de este libro, que se centran en el aprecio y que luego pueden expandirse de forma natural hacia el cuidado, el amor u otras emociones del corazón. Cuanto más practiques con regularidad estas herramientas, estas emociones positivas del corazón se convertirán más en tu estado habitual de ser. Entonces podrás expandir tu inteligencia emocional para crear maravillosas relaciones y una comunicación efectiva, lo cual empezará a generar una armonía y un éxito sorprendentes tanto en tu hogar como en tu vida profesional.

LAS EMOCIONES SON ENERGÍA, Y LA ENERGÍA PUEDE SER NEUTRA

Las emociones son simplemente formas de energía. La palabra *emoción* proviene del verbo latino que significa 'mover' y, literalmente, quiere decir 'energía en movimiento'. Los sentimientos son sensaciones; por lo tanto, las emociones son sentimientos intensos, como el amor o la ira, que te agitan. Literalmente, mueven energía a través de tu cuerpo. Las emociones generan cambios poderosos en él, en la mente y en el sistema nervioso.

Hoy en día, existe cierta confusión en torno a la noción de que expresar libremente tus ideas, sentimientos y opiniones forma parte de la autoexpresión. Algunas personas creen que tener grandes estallidos de ira u otras emociones intensas es algo saludable. Sigmund Freud defendió esto en sus primeros años de su vida profesional, ya que decía que provocaría una limpieza emocional. Más adelante, abandonó esta práctica.

La ciencia ahora nos muestra que estas explosiones intensas de expresión emocional no son saludables. Son perjudiciales para tu organismo. Investigaciones realizadas por Aron Siegman en la Universidad de Maryland encontraron que las personas que reaccionaban con arrebatos impulsivos de ira presentaban un mayor riesgo de padecer enfermedades coronarias en comparación con las que controlaban su enojo.[48] Las emociones negativas generan enfermedades y aceleran el envejecimiento, algo que ninguno de nosotros desea.

En la actualidad, los psicólogos han llegado a la conclusión de que expresar la ira y los sentimientos de dolor no hace que desaparezcan. De hecho, puede reforzar el patrón emocional en el circuito neuronal del cerebro. Esto significa que cuanto más hablas del tema y revives las emociones de rabia, más mantienes viva esa ira y más dañan a tu cuerpo esas ideas emocionales tormentosas y estresantes.[49] Así que cuanto más te quejas con otros de cómo tu amiga no te apoyó como esperabas, más mantienes la irritación. ¿Puedes recordar alguna vez en que la cólera aumentaba, mientras seguías pensando la historia de cómo te hicieron daño y contándola?

Tampoco es saludable reprimir los sentimientos. No quieres que se acumulen dentro de ti. La clave está en reconocer que esas grandes emociones están ahí y luego aprender a procesarlas de una manera inteligente desde el corazón, para que puedas responder de la mejor forma posible a lo que la vida te depare y no quedarte en viejos esquemas.

Esto quiere decir que una gran parte de la inteligencia emocional consiste en dirigir y mantener tu atención *hacia tu interior*. Cuando te sientas alterado o fuera de ti, céntrate en relajar y sosegar tu cuerpo y tu mente, para que la inteligencia de tu corazón tenga el espacio necesario para crear coherencia dentro de ti.

Deja de creer todo lo que piensas o de dirigir tu atención hacia lo que otros te hicieron o dijeron. Aquí es donde se construye la verdadera confianza en uno mismo y el auténtico poder personal.

Nos hemos acostumbrado a responder a nuestra mente salvaje, ese caballo desbocado, y a todos los pensamientos caóticos que nos lanza. Cuando sentimos el dolor del pasado, subconscientemente decimos «¡ay!» como si hubiéramos tocado una estufa caliente. Entonces pensamos de inmediato: «No quiero volver a sentir eso. Mejor no ir allí». Luego, ese dolor se proyecta al exterior, ya sea en forma de ira o frustración, o tratando de «hacer» algo para sentirnos mejor o adormecer el dolor, ya sea aturdiéndonos con el trabajo o la bebida, evadiéndonos con una serie o con cualquier otra estrategia a la que solemos recurrir. Pero el dolor continúa ahí, agazapado, no desaparece, está esperando a volver a estallar, hasta que realmente seamos capaces de procesarlo y librarnos de él de una vez por todas.

El corazón dice: «Espera un momento. No quiero vivir en este estado constante de alteración emocional. Quiero ser libre». No quiere protegerse con la armadura de sentimientos intensos o difíciles de manejar, como la ira o una falsa sensación de superioridad. Para él, lo conocido tiene menos valor que la libertad, que proviene de la firmeza del corazón y no de dejarse zarandear por la vida ni por otras personas, ya que sobre esto no tenemos ningún control.

Aunque los sentimientos y las sensaciones pueden parecer intensos, también pueden ser neutros. Son los *pensamientos* que tienes sobre ciertas emociones, y las reacciones y patrones en tu cuerpo, los que hacen que les asignes la condición de negativos o positivos para ti. Los pensamientos crean la resistencia a los desencadenantes emocionales. Por eso te ha parecido tan difícil cambiar los comportamientos hasta ahora. Repetir una y otra vez los viejos recuerdos suele reforzarlos en las células del cerebro, en lugar de crear una vía para procesarlos y soltarlos. Los recuerdos de siempre mantienen vivo el dolor y la justificación del ego para aferrarse al rencor o al resentimiento. La mente por sí sola nunca te liberará.

Tu corazón es lo que te *liberará*. Las investigaciones demuestran que a medida que aumenta tu coherencia, también lo hace el sistema de comunicación bidireccional que se produce entre tu corazón y tu cerebro.[50] A medida que se activa la inteligencia de tu corazón, empiezas a sentirte diferente en tus vivencias experimentadas en cada momento. Serás más libre en el presente, y la conciencia y la dicha se acrecentarán.

Digerir la vida a través de tu corazón puede ahorrarte años tratando de entender y gestionar las experiencias pasadas y las presentes mediante la terapia verbal o terapia del habla, también conocida como terapia de la conversación, o analizándolas solo desde la mente racional. Si bien la terapia verbal puede tener grandes beneficios, también tiene limitaciones, especialmente si sigue reforzando el pensamiento lineal, que puede perpetuar patrones profundamente arraigados y sentimientos de culpa, victimismo, carencia y escasez.

Tu corazón es muy fuerte. En él reside tu mayor poder, en el núcleo de quien realmente eres, un poder que supera cualquier patrón limitado o emoción negativa que continúe apareciendo. Tu Corazón Estable *puede* mantenerse fuerte, abrir espacio para la coherencia, vadear las sensaciones incoherentes y fomentar que tu poder y tu sabiduría emerjan en tu vida.

La práctica HeartAlign para la estabilidad vital

Esta práctica está diseñada para permitirte sentir la firmeza de tu corazón, un lugar al que puedes regresar a lo largo del día. Puede ayudarte a ser más resiliente frente a las reacciones de ansiedad provocadas por pensamientos, emociones y sensaciones físicas.

El método HeartAlign para la armonía interior, del que se habla en el capítulo cuatro, es una herramienta que te ayudará a tomar decisiones y actuar de forma más armoniosa, en especial cuando te enfrentas a situaciones que te alteran emocionalmente. Por otro lado, la práctica para la estabilidad vital está diseñada para ayudarte a anclarte, cada día y en cada momento, más profundamente en tu corazón, de modo que tu realidad comience a transformarse en una existencia más centrada en general en el corazón.

Cuanto menos reactivos nos volvemos ante la vida, más serenos estamos y más puede la inteligencia de nuestro corazón centrarse y liderar nuestra existencia. Laura Pringle, una *coach* intuitiva que ayuda a sanar traumas y respuestas arraigadas, señala: «El corazón sabe que la mente puede crear muchas realidades distorsionadas a partir de la "realidad". Cuando tu mente complique las cosas, deja que tu corazón te llame de vuelta a lo que ES».[51]

También puedes encontrar un gran consuelo al darte cuenta de que tienes un santuario portátil dentro de ti. Cuando la vida fluye, puedes disfrutar plenamente del momento estando en tu corazón: despierto, presente y con confianza, gracias a la conexión constante con la luz interior con la que él te alumbra. Y cuando las cosas se vuelvan inestables o complicadas, siempre puedes refugiarte en ese espacio seguro de tu interior.

Empiezas a experimentar una potente y relajada sensación de estar siempre centrado en tu corazón, y más dicha, confianza y paz en todos los aspectos de tu vida.

Estos son los pasos de la práctica para la estabilidad vital:

1. Permanece con una atención estable en tu corazón a lo largo del día.
2. Cuando empieces a sentirte inestable por los pensamientos, las emociones y las sensaciones físicas, respira despacio y profundamente y deja que todos ellos fluyan mientras te mantienes conectado a tu corazón.
3. Regresa a un estado tranquilo y coherente en tu corazón antes de actuar, hablar o proceder de cualquier otra manera.

Aquí tienes una explicación más detallada de los pasos:

1. **Permanece con una atención estable en tu corazón a lo largo del día.** Puedes sentirte conectado con tu corazón como tu centro, un ancla interior que siempre está ahí mientras transcurre el día. No es necesario que pongas toda tu atención en el corazón, como lo hacemos en la Meditación HeartAlign, pero puedes centrar en él una parte de tu conciencia y observar cómo esta te brinda,

desde tu interior, una gran energía y una fiable sensación de comodidad y estabilidad.

2. **Cuando empieces a sentirte inestable por los pensamientos, las emociones y las sensaciones físicas, respira despacio y profundamente y deja que todos ellos fluyan mientras te mantienes conectado a tu corazón.** Sé consciente cuando determinados pensamientos, emociones y sensaciones intensas intenten sacarte de tu corazón. Recuerda que identificarse demasiado con estas experiencias es lo que nos desestabiliza. No somos nuestros pensamientos, sentimientos ni sensaciones físicas, sino que son energías que van y vienen como olas. Lo que debes hacer es dejarles espacio, no empujarlos, ni reprimirlos ni desconectarte de ellos si ya están presentes. Examínalos, siéntelos y permite que pasen y se alejen, sin construir sobre ellos o con ellos una historia o un relato, como por ejemplo: *No debería tener que sentir esto* o *Ella es el problema y hace que me sienta así.* Recuérdate que todo esto es solo energía en movimiento.

   Concéntrate en relajar tu cuerpo y tu mente. Permite que tus hombros se aflojen si están tensos, así como tu abdomen o cualquier otra parte de tu cuerpo. Imagina que respiras lenta y profundamente desde y hacia tu corazón, con respiraciones suaves y continuas que fomentan la coherencia.

Si apartas tu atención de los pensamientos y sensaciones, y realmente enfocas tu conciencia en tu corazón y en tu respiración, normalmente volverás a la calma en pocos momentos (si descubres que estás luchando con un trauma más profundo que sigue apareciendo en tu vida, por favor, considera buscar apoyo profesional).

No apresures el proceso. Deja que tu corazón te muestre el camino de vuelta.

3. **Regresa a un estado tranquilo y coherente en tu corazón antes de actuar, hablar o proceder de cualquier otra manera.** Cuando las energías intensas se disipen, sentirás una calma profunda y pacífica, como después de una tormenta. Tu Corazón Estable fue el que te llevó a salvo a través de la tempestad.

   Después del temporal, tras las turbulentas olas, nota la paz profunda, la conciencia superior que llega después. Ahora estás en posición de tomar decisiones acertadas y sabias, desde un lugar emocionalmente inteligente, una manera coherente de avanzar de la que puedes sentirte orgulloso y que está alineada con tus valores.

Esta práctica es muy poderosa y útil para ayudar a interrumpir reacciones habituales y viejas pautas adictivas, como comer en exceso, recurrir a tranquilizantes –sean vino, marihuana u otros–, desconectarse de la realidad mediante el abuso de las pantallas, o cualquier otra cosa que hayas utilizado para calmar las emociones y sensaciones incómodas y desagradables que te puedan surgir.

Una clienta, a quien llamaremos Riley, cuando usaba las redes sociales o asistía a actos y reuniones, solía sentirse muy alterada por emociones abrumadoras. Comparaba, juzgaba y buscaba las maneras de rebajar a las personas que veía o que se encontraban con ella en los diversos eventos, además de sentir que estaba en competencia constante con los demás. Todo esto se debía a una reacción de su sistema nervioso, que notaba una sensación de amenaza. Y esos pensamientos intimidantes drenaban enormemente su energía. Ese tipo de pensamientos también le generaban muchos altibajos a lo largo del día, y a menudo recurría a los dulces y al café, lo que la hacía sentirse aún más agotada y frustrada.

Hicimos una desintoxicación de redes sociales por un tiempo, mientras Riley trabajaba en conectar más con su corazón y, como soporte, hacía la Meditación HeartAlign cada mañana. También empezó a centrarse en comer siguiendo unos horarios más regulares y en acostarse y despertarse a la misma hora todos los días, lo cual le dio más estabilidad a su vida. Cuando volvió a usar las redes sociales (que formaban parte de su trabajo y no podía evitarlas), utilizó la práctica HeartAlign para la estabilidad vital y se sintió cada vez más preparada para manejar los embates de las emociones intensas, «mantenerme en mi propio carril», como ella dice, y no sentirse tan desestabilizada. Hoy en día, continúa con esta práctica y este trabajo, y se siente mucho más serena y centrada. Según su propia estimación, la necesidad de comparar y juzgar ha disminuido en aproximadamente un ochenta por ciento.

EL APEGO SE CONVIERTE EN UN AMOR MÁS PROFUNDO

Cuando nació mi primer bebé, no podía creer la magnitud del amor que sentí por ese pequeño y adorable ser. Era un amor tan puro que no se podía comparar con nada que hubiera podido experimentar hasta ese momento. Estaba tan cautivada por esa pequeña criatura que siempre la tenía encima de mí, literalmente pegada a mi cuerpo. El estilo de crianza conocido como «crianza con apego» me hizo sentir que ese nivel de unión constante era la normalizada y excelente forma de crianza que debía seguir. Y lo era, en cuanto a cercanía y apoyo emocional.

Pero a medida que crecía, me di cuenta de que, en cierto modo, habíamos cruzado hacia un apego malsano. Sentía la necesidad de jugar con él y prestarle atención prácticamente cada minuto que estaba despierto. Aunque dirigía un negocio y un pódcast (que solo grababa durante sus siestas), y además estaba escribiendo libros, me negaba a pedir ayuda para que alguien lo cuidara regularmente. Esto me llevó al agotamiento y a la sensación de estar exhausta. Tenía que trabajar hasta altas horas de la noche para poder avanzar con mi trabajo y mis escritos.

Con el tiempo, experimenté una comprensión profunda y sorprendente que brotó de mi corazón: en realidad, eso no tenía que ver con mi hijo. Al indagar en mi interior y reflexionar con honestidad, me di cuenta de que lo que sucedía tenía que ver con un trauma de abandono que, hasta ese momento, no sabía que había estado cargando durante toda mi vida. Mi madre se había «desentendido» de mí para volver al trabajo cuando yo tenía solo dos semanas de vida. Y eso dejó una huella muy profunda en algún lugar de mi corazón. Ese apego tan intenso, el hecho de tener siempre tan cerca a mi pequeño, era una manifestación de esa herida no sanada. Era la forma en que mi mente intentaba aferrarse al amor para mantenerlo a salvo, porque lo sentía demasiado valioso para perderlo.

Y fue entonces cuando también comprendí que por esa misma razón, muchas veces había elegido relaciones románticas «seguras», en las que sabía que la otra persona no me abandonaría. Así, era yo quien podía dejar o tener el control de cuándo hacerlo. Todo apareció con claridad, saliendo a la superficie para ser sanado, a medida que me anclaba más en mi Corazón Estable. Desde la perspectiva de mi Corazón Oscuro no podía ver nada de eso.

¡Guau! Fueron revelaciones desgarradoras y terribles de asimilar. Fue difícil verlas y aceptarlas, y tuve sentimientos de duelo tan intensos que sentí como si me arrancaran el corazón. Me vi obligada a procesar el dolor del abandono en mi primera infancia y enfrentarme a él, algo que nunca antes había hecho. Comencé a realizar esta práctica cada vez que surgían los sentimientos de apego, y empecé a pensar en mí y superarlos. Y cada vez que lo hacía, me sentía un poco más fuerte. Con el tiempo, encontré un amor estable dentro de mi propio corazón. Un amor que no dependía de nadie más.

Empecé a experimentar por mí misma la verdad de lo que enseñó Sri Yukteswar, cuando dijo que todas las necesidades de nuestro corazón se encuentran *dentro* de él. Todo comenzó a equilibrarse. De hecho, mi hijo y yo estamos aún más cercanos y más profundamente conectados, porque ahora hay más libertad en nuestra relación, sin esa excesiva intensidad tan poco saludable. Mi hijo no solo me enseñó cuánto puedo amar a otro ser humano, sino que nuestra relación también me ayudó a volver a encontrar la verdadera fuente del amor dentro de mi propio corazón.

Sanar el apego de esta manera tan profunda provocó una liberación todavía mayor, que abrió mi vida a más amor. Fue lo que allanó el camino para unirme con mi esposo. El amor entre nosotros era tan inmenso que no podía controlarlo. Así que en otro momento de mi existencia probablemente habría huido de él, porque no lo habría percibido como lo suficientemente seguro, pero ahora estoy profundamente agradecida de que realmente *sí* podamos sanar estos bloqueos en nuestro corazón. Y estoy muy emocionada por ti, porque tú también puedes hacerlo. Observa con honestidad cualquier patrón en tu vida que ahora te des cuenta de que tal vez no sea del todo saludable. Puedes empezar a transformarlo desde hoy.

Para amar verdaderamente a los demás, no te debes atar a ellos. Eso significa ser libre de necesitar que a cambio de tu cariño te quieran, te prefieran, te comprendan, estén de acuerdo contigo, te valoren o tengan una buena opinión de ti. El amor es libre, pero también liberador. El amor real no espera nada a cambio, aunque los apegos sí lo hacen.

La fuente del amor está dentro de tu propio corazón. Cuanto más profundices en el Corazón Estable, más saldrá a la luz esta verdad. Una vez que descubres que la fuente del amor está en tu interior, puedes amar a los demás de forma más plena, sin tergiversaciones y con altruismo.

Y aunque parece que es maravilloso amar y compartir la vida con los seres queridos, ellos no son la fuente del amor. Darse cuenta de esto puede ser una larga travesía, como lo fue para mí, pero es bueno. Deja que tu corazón te enseñe la verdad. El amor real ni agota ni quebranta.

Por eso, cuando te liberas de la necesidad del amor de los demás, en realidad puedes quererlos más y de forma auténtica, y entonces el verdadero amor crecerá y florecerá.

EL AMOR ESTABLE MÁS ALLÁ DEL DESEO Y EL RECHAZO

Las tradiciones espirituales nos enseñan que, para ascender a una conciencia superior y abrir más el corazón, debemos sanar los apegos y las aversiones. Los apegos surgen cuando anhelamos objetos o personas como una forma de intentar alcanzar la felicidad y colocamos el amor en algo o en alguien *ajeno* a nosotros mismos. Como los apegos son una energía problemática, insegura, incoherente y esclava, conducen a energías disonantes como el miedo, la frustración, la obsesión, el orgullo, la ira, el egoísmo y los celos.

Los apegos también incluyen deseos intensos por objetos materiales o experiencias. Es esa sensación de «debo tener» ese apartamento maravilloso, el bolso del mejor y más famoso diseñador, unos palos de golf espléndidos, la reserva para el espectáculo más codiciado, las vacaciones perfectas. El deseo es un campo energético interminable. Yogananda nos enseña: «La cuestión es que no es malo tener posesiones, pero sí que lo es estar poseído por ellas. Debes librarte del apego».[52]

Las aversiones son otra cuestión. Provocan el miedo en tu vida porque refuerzan la creencia de que ciertas situaciones o condiciones pueden quitarte el amor o pueden hacerte infeliz. Si no tener una relación te produce rechazo y aversión, llegarás a creer que si estás soltero o soltera serás infeliz, desgraciado y sin amor. O, podrías desarrollar aversión hacia un familiar o compañero de trabajo, de modo que cuando estés cerca de esa persona, le des el poder de hacerte sentir irritado y de endurecer tu corazón.

Tanto el apego como la aversión te alejan del Corazón Estable. En lugar de hacerte sentir seguro, te provocan inestabilidad, porque están enraizados en la creencia errónea de que el amor debe buscarse fuera de ti y que te lo pueden arrebatar.

El Corazón Estable descubre cada vez más libertad. Reconoce que el amor, la felicidad y la aprobación que antes situabas fuera, en realidad pueden encontrarse dentro de ti.

El desapego te permite mantener tu claridad interior. Y la claridad puede expresarse como amor y otras cualidades del corazón. El desapego no es frialdad. Significa que, en vez de estar siempre buscando absorber amor de los demás, como el pulpo que atrapa a su presa con sus tentáculos, tu sentido del amor está protegido dentro de ti y entonces puedes crear algo realmente sano: la conexión que te permite amar plenamente y ser libre para ser tú mismo con los demás y que permite que los demás también sean libres para ser ellos mismos contigo.

Para poder sanar tus apegos y aversiones y así ser libre, primero debes ser consciente de su existencia. Los sentimientos de apego y aversión son, sin duda, inestables, porque no provienen del corazón, lo cual es muy distinto de lo que te hace experimentar la sensación expansiva de estar en el corazón. Apego y aversión crean sensaciones de tensión o contracción, impregnadas de una energía desesperada que dice: «Tiene que ser de esta manera».

Los desencadenantes de los apegos y las aversiones pueden aparecer de muchas formas, pequeñas y grandes, en la vida cotidiana. Obsérvalos con atención. Pueden incluir desde que tu cafetería preferida esté cerrada ese día o que se produzca un fallo tecnológico que te impide ver tu serie favorita, hasta la desilusión de no recibir respuesta a los mensajes de la persona que te interesa, o el dolor de ver crecer a tu hijo, que ya no te necesita tanto como antes o que se va a la universidad. Quizás sea el malhumor por el final de las vacaciones, la tristeza por tener que dejar ese apartamento o casa que tanto amas o la amargura porque se ha acabado una relación.

Cuando te des cuenta de que la inestabilidad está surgiendo de un apego o una aversión, al igual que con otros sentimientos intensos, inmediatamente realiza la práctica HeartAlign para la estabilidad vital. Es decir, cambia tu atención hacia tu corazón, respira profundamente y permite que las sensaciones de apego o aversión pasen a través de ti.

Al hacer esto, llevarás la poderosa coherencia de tu corazón a los sentimientos incoherentes y necesitados del apego o de la aversión. Deja que fluyan y se disipen, cueste unos segundos o minutos. Pueden aparecer unas pocas veces, o muchas, en torno a la misma situación, y eso está bien. Sigue recordándote a ti mismo que es solo energía, y mientras dejes que pase a través de ti en lugar de aferrarte a las historias que tu mente alborotada como un caballo salvaje pueda estar tratando de contarte, todo se disipará. Así podrás reconectar con tu equilibrio y tu claridad interior y, una vez que te hayas serenado, podrás confiar en ti mismo para hablar y actuar.

A medida que te ancles más profundamente en el Corazón Estable, deja que te enseñe la verdad: *no necesitas aferrarte a nada*. El amor está dentro de ti y no te lo pueden arrebatar. Estás bien, sin importar los cambios o transformaciones, sin importar lo que venga o no. Hay un gran poder en permitir que las cosas lleguen y se vayan como sea, y saber que la estabilidad, la paz y la quietud de tu interior son constantes.

Mi cliente Franklin, como lo llamaremos aquí, era muy conocido en su ámbito laboral y durante mucho tiempo padeció un problema de sobrepeso. Comía en exceso para lidiar con sus emociones y era extremadamente sensible a lo que los demás pensaban de él. En una ocasión, cuando un proyecto no salió tan bien como él esperaba, se sintió tan avergonzado que se mudó al otro lado del país por un tiempo. Durante ese período, su peso aumentó aún más.

Mi trabajo para ayudar a Franklin a mejorar su salud y reajustar las exageradas raciones de comida que ingería no fue posible hasta que logró dejar de depender de ella como apoyo emocional. Como muchos de nosotros, nunca le habían enseñado cómo sentir las emociones y sensaciones, y simplemente dejarlas pasar a través de él. Acordamos que realizaría la práctica HeartAlign para la estabilidad vital y que esperaría al menos treinta minutos antes de comer algo (controlándolo con un temporizador) para ver si realmente necesitaba hacerlo. Con el tiempo, perdió más de veinte kilos y no los recuperó. Se sorprendió al ver que las sensaciones vienen y van, y que no tenía que reprimirlas comiendo.

En estados de apego y aversión te muestras:

- Dependiente
- Agresivo
- Excesivamente emocional
- Agitado
- Desesperado
- Celoso
- Ansioso
- Adicto
- Sobrevalorando lo «especial»
- Envidioso
- Vengativo
- Inseguro

En estados de conexión te muestras:

- Calmado
- Pacífico
- Aceptar las necesidades, opiniones e independencia de los demás
- Centrado en el corazón
- No apegado, permitiendo un tiempo saludable de separación
- Libre y permitiendo que los demás lo sean
- Feliz
- Equilibrado

MANTENERTE EN EQUILIBRIO FRENTE A PERSONAS COMPLICADAS

Sri Yukteswar nos enseña que el despertar y la apertura del corazón requieren «ecuanimidad en todas las condiciones».[53] Y seamos honestos: algunas de las condiciones más desafiantes con las que nos tenemos que enfrentar, y que tenemos que superar, involucran a otras personas.

Es fácil caer en viejos modelos, mantener esa misma sensación de culpa o de distanciamiento que sentimos hacia los demás: «Bueno, ella me hizo esto», o «Él me hizo aquello otro, y no está bien». Y sin embargo, aun cuando las personas de tu alrededor quizás sigan siendo las mismas, tu corazón puede ayudarte a cambiar tu actitud hacia ellas y permitirte ver las cosas de una forma completamente distinta a lo que jamás imaginaste posible.

Cuando adoptas una cierta actitud y la mantienes, con el tiempo tu cerebro se configura para perpetuar esa actitud,[54] que implica continuar con los sentimientos de desagrado y alteración que te provocan determinadas personas, por algo que ocurrió hace mucho tiempo y que quedó almacenado, aunque no recuerdes conscientemente qué fue. La buena noticia es que tu disposición anímica puede cambiar y reiniciarse, lo cual puede llevarte a un mayor equilibrio, estabilidad y libertad. Si alguien nos molesta, tiene cierto poder sobre nosotros: el poder de robarnos la paz y la estabilidad. Y ese es un poder que no queremos seguir otorgando.

Yogananda dijo: «Desde el momento en que emprendiste el camino espiritual, nada sucede por casualidad».[55] Podemos ampliar la definición de camino espiritual y entenderla como una vía de crecimiento. La inteligencia superior que entrelaza todo el universo coloca personas en tu camino para ayudarte a superar las limitaciones de tu propio carácter. De esta manera, puedes comenzar a ver que todo, y todos, son un regalo enviado para ayudarte a fortalecerte y regresar a tu Verdadero Ser.

Cuando llame a tu puerta alguien provocador y pendenciero –tu suegra, un compañero de trabajo, un amigo de un amigo o quien sea–, vuelve a enfocar la luz de tu conciencia en el Corazón Estable que habita en tu interior y hazte estas preguntas: ¿Qué puedo aprender de esta persona o de esta situación?¿Cómo puedo fortalecer la resiliencia dentro de mi corazón?

El poder personal crece cuando no entregas tu poder y no permites que alguien te arrebate la paz o la felicidad, que no pueden correr peligro cuando están enraizadas en el lugar inquebrantable del centro del Corazón Estable.

Molly, llamémosla así, se unió a mi equipo en Solluna. Llegó con una actitud un poco conflictiva y su comunicación con los demás era algo problemática. La contratamos porque tenía unas inmejorables ideas, mucho entusiasmo y era realmente buena en su trabajo. Sin embargo, me alteraba porque a menudo se emocionaba tanto que me interrumpía, hablaba demasiado y era bastante tajante cuando no estaba de acuerdo con algo.

Podríamos haber elegido a alguien de trato más fácil, pero me conecté con mi corazón y sentí con claridad que era un regalo que había recibido, no solo por sus habilidades profesionales, sino también como un reto que me impulsaba a mantenerme más firme en mí misma. Encontré una manera de establecer ciertos límites en la comunicación sin cortarle las alas. Todavía hay algunos altibajos en nuestra relación, pero me centro en ver su gran corazón y sus sinceras intenciones, incluso cuando me irrita. Eso me ayuda a respirar y a recuperar coherencia antes de responder. Ambas hemos crecido y progresado en nuestro trato, y el trabajo prospera.

Estos son algunos consejos prácticos para crecer personalmente cuando tratas con gente que te desafía:

- Permanece en tu corazón. Concéntrate en volverte más coherente y en emitir emociones positivas desde el corazón, o al menos ecuanimidad.
- Sé consciente de ti mismo si alguien logra provocarte o alterarte emocionalmente. Vuelve de inmediato a la práctica para la estabilidad vital tan pronto como lo sientas.
- Mientras estés conversando o interactuando con alguien con quien te cueste estar, alguien que te resulte intratable, concéntrate en encontrar un punto de conexión. Es decir, identifica algo que puedas apreciar de esa persona. Si realmente lo buscas, algo hallarás.
- Si te encuentras cerca de alguien siempre descontento y negativo o que actúa desde una óptica restringida y limitada, procura alejarte mentalmente de la situación, como si la observaras con objetividad desde la distancia. En lugar de enredarte y dejarte arrastrar por ella, cambia hacia un sentimiento de compasión y muestra una dosis extra de amabilidad hacia la parte de esa persona que está atravesando un momento complicado, o al menos alcanza un estado más imparcial. Obsérvalo desde la sabiduría de tu corazón.
- En vez de intentar convencer a alguien o ponerte a la defensiva, con afirmaciones espinosas, lo cual agota la energía y es inútil, escoge utilizar explicaciones breves y discretas como: «Tal vez tengas

razón» o «El tiempo lo dirá». No significa que estés de acuerdo con esa persona; lo que haces es elegir el camino neutro estableciendo un firme límite con tu energía al no involucrarte.

- Crea límites saludables. El hecho de tener un corazón abierto no significa que todos tengan acceso total a ti. Si alguien te causa un daño, es muy importante saber distinguir y establecer lindes precisos sobre hasta dónde esa persona puede o no entrar en tu vida. Esto es muy importante, porque es beneficioso para tu cuidado personal y para preservar tu bienestar.

Verás que, con el tiempo, incluso los individuos más provocadores y agresivos no tienen por qué afectarte. Tu centro del corazón se vuelve cada vez más imperturbable e impenetrable. Y ese nivel de fortaleza y paz interior no tiene precio.

Una reflexión al final del día

Yogananda dijo: «El autoanálisis sincero es el supremo arte del progreso».[56] Volver la mirada hacia tu interior y practicar el autoanálisis de forma continuada permite que tu corazón siga abriéndose y creciendo con más poder y luz.

Si quieres ser una persona centrada en el corazón, debes decidirlo por ti mismo y luego vivirlo, comprometiéndote a serlo en tu vida diaria. Eso significa que sigues alineándote más y más con la guía inteligente de tu corazón. A veces la escuchas y a veces no, y está bien. Porque al crear una conciencia diaria y honesta de ti mismo, puedes seguir trabajando para alinear tus acciones con tu corazón y, en última instancia, encontrar el camino hacia el éxito.

A continuación te voy a plantear tres preguntas que puedes considerar o sobre las que puedes escribir en tu diario por la noche, mientras reflexionas sobre el día que has pasado:

- ¿En qué medida viví hoy en sintonía con mi corazón?
- ¿Qué podría haber hecho de forma diferente si hubiera actuado con más sabiduría del corazón?
- ¿Qué aprendí?

ENCARNAR EL CORAZÓN: consejos de estilo de vida para sostener el Corazón Estable y profundizar en él

Los siguientes consejos de estilo de vida pueden ayudarte aún más a profundizar en el anclaje de tu Corazón Estable:

- **Crea rutinas regulares.** En ayurveda, esto se conoce como *dinacharya*, o rutina diaria. Se cree que la mayor regularidad en tus actividades cotidianas promueve un cuidado personal más profundo, modulando tu reloj biológico para estar más en sintonía con los ritmos de la naturaleza y procurándote una mayor autoconciencia, todo lo cual, en última instancia, estabilizará tu cuerpo y fomentará más estabilidad en tu corazón. Por lo tanto, esfuérzate en comer siguiendo un horario regularizado, hacer ejercicio y acostarte y despertarte a la misma hora. Esto te facilitará una mejor digestión, un sueño reparador y más energía, lo que contribuirá a una mayor conexión y coherencia en el corazón.
- **Aumenta tu consumo de fibra.** La fibra es una forma natural de sentirte más lleno y estable físicamente, sin sentirte demasiado pesado o aletargado. Es una manera natural de que elabores las cantidades saludables y necesarias de comida sin tener que obsesionarte con contar calorías, permitiendo una

autorregulación más natural. Solo los alimentos de origen vegetal contienen fibra, así que asegúrate de proveer tu dieta con verduras y ensaladas, e intenta incorporar el increíblemente energizante *Glowing Green Smoothie* por las mañanas (consulta la sección «Recursos» o mi sitio web si te atrae hacerlo por ti mismo).

- **Incorpora flexiones hacia atrás.** Se dice que las asanas de yoga, o posturas, que son flexiones hacia atrás ayudan a abrir la energía del chakra del corazón, *anahata*. Un tema central de este libro es que el corazón es tanto físico como energético, y deseas trabajar en ambos niveles para abrirlo. Comienza con posturas suaves, como simplemente sujetar los lados de la silla mientras te mantienes sentado, y luego inclinarte suavemente hacia atrás, levantando un poco el mentón.
- **Tomar el sol moderadamente.** En los Vedas, considerados los textos más antiguos del mundo, el sol es un símbolo sustancial de luz. El brillante poder del sol sostiene toda la vida en el planeta (plantas, animales y humanos). También puede ayudarte a conectarte con la energía del brillante poder de tu propio corazón. Además, se ha demostrado que la vitamina D, absorbida por el cuerpo a partir de la luz solar, es beneficiosa para la salud cardíaca. Digo «moderadamente» para referirme a sentarse, si es posible, bajo la luz del sol por la mañana temprano

o al final de la tarde, utilizando la protección solar adecuada según tu tipo de piel (yo siempre me cubro la cara y el cuello con un sombrero y solo expongo las extremidades), y como mucho entre diez y quince minutos. Puedes empezar con solo dos minutos e ir aumentando poco a poco. También puedes intentar realizar la Meditación HeartAlign o la práctica de vivir tu fecunda plenitud, que se describen en el capítulo cuatro, bajo la hermosa y vivificante luz del sol.

- **Equilibra tus macronutrientes: grasas, proteínas y carbohidratos.** La estabilidad y el equilibrio requieren que sintonices con tu huella energética única, tu constitución, y comas de acuerdo con la temporada, día o momento particular de tu vida. Por ejemplo, en el frío invierno es posible que te sientas naturalmente atraído por ingerir más grasas, incluidas en sopas, guisos y platos más contundentes a base de legumbres, entre otros. En verano, puede que desees comidas más ligeras, como ensaladas y frutas. Hay momentos en los que precisas de más proteínas que fortalezcan tu cuerpo. Tu organismo y tus necesidades son únicos, así que no bases tu alimentación en una dieta rígida o en lo que otros estén comiendo. Sintoniza con tu corazón y tu intuición para cuidar mejor de tu propia vitalidad.

Puntos clave del Corazón Estable: coherencia y conexión

- En el Corazón Estable existe el entendimiento de que tu centro está en tu interior y que puedes mantenerte estable y firme sin importar lo que esté ocurriendo a tu alrededor.
- En esta etapa, crece enormemente la coherencia del corazón, ya que hay más sincronización, o armonía, entre el corazón, el cerebro y el sistema nervioso.
- La inteligencia emocional se expande a medida que la brillante inteligencia despierta del corazón te permite que este experimente más emociones positivas, te haga cambiar con mayor facilidad los pensamientos y perspectivas negativos, y te equilibre las emociones erráticas del ego.
- La práctica HeartAlign para la estabilidad vital te permite estar más anclado en tu corazón a través de los muchos altibajos de la vida y mantenerte más centrado, incluso cuando surgen emociones y sensaciones intensas, o pensamientos negativos y temerosos.
- Para seguir desbloqueando tu corazón, es necesario liberarte de los apegos y las aversiones, que en el fondo provienen de la carencia, y darte cuenta de que la plenitud que habita en tu interior nunca puede menguar.

La creciente fortaleza y el enraizamiento cada vez mayores del Corazón Estable permiten desbloquear la siguiente etapa, y una vez más, se producirá un gran cambio.

Lo que se despliega a continuación, en la etapa del Corazón Leal, incluye el acceso a un nivel elevado de intuición. En cierto modo, será como ponerte unas gafas especiales que te permitirán ver mucho, muchísimo más en cualquier situación. Tu corazón despierto te ofrecerá una visión completamente nueva del mundo.

Y comenzarás a canalizar el verdadero poder del amor. No de una forma sentimental, sino de una manera increíblemente inteligente, que une, encuentra soluciones y forja el mejor camino hacia adelante, tan pacífico como poderoso. Vamos a empezar a desbloquear la etapa 4: el Corazón Leal.

Capítulo 6

ETAPA 4

EL CORAZÓN LEAL: INTUICIÓN Y PERDÓN

La lealtad es un compromiso centrado en algo, con constancia, fidelidad y atención. En la etapa del Corazón Leal, hay un nivel tan elevado del despertar del corazón que le *consagras* tu vida. Entregas tu devoción y tu lealtad al corazón, a su energía natural y sus cualidades esenciales, como la paz, el amor y la compasión. En esta etapa, no solo sientes el corazón como tu centro, como descubriste en la etapa del Corazón Estable, sino que toda tu vida comienza a orientarse, o como dice Sri Yukteswar, a estar «consagrada»[57] al mundo interior en lugar de al mundo exterior.

Te das cuenta de que tu existencia funciona *mucho* mejor cuando es tu corazón el que guía el camino y te entregas una y otra vez a su profunda sabiduría e inteligencia. Entonces, la vida eclosiona en toda clase de formas extraordinarias, con más facilidad y abundancia de lo que antes parecía posible.

Gran parte de mi Corazón Leal se ha abierto gracias a la vida en familia. Existen muchos caminos que impulsan el despertar de nuestro corazón, y para mí, uno muy importante ha sido el amor de mi familia. Como ya te he comentado, cuando mi esposo y yo nos conocimos, nuestro amor era todopoderoso, pero también hubo muchas turbulencias en esos primeros años. Mis mecanismos de defensa bajaron lo suficiente como para aceptar casarme, pero luego se activaron de nuevo, cien veces más fuertes, después de nuestro matrimonio. Hubo muchas ocasiones en que me alejé de forma pasivo-agresiva cuando no me sentía segura, porque no notaba que él me viera o escuchara de la manera en que yo necesitaba, y lo mismo le pasaba a él. Ambos somos personas fuertes. Cada uno podía aferrarse a su historia y ser terco, creyendo que tenía la «razón».

En un momento dado, miré los hermosos rostros de mis hijos, y a mi amado esposo, y me di cuenta de que iba a ser devota. Devota al amor, a una vida familiar cariñosa, a crear un entorno lleno de amor para esos niños y para todos nosotros. Iba a hacer lo que fuera necesario. Y déjame decirte algo: entré en mi corazón, y había mucho que ver que no era agradable.

Primero tuve que aceptarme a mí misma. En mi vida familiar, no podía huir ni fingir que mis sombras y oscuridades no existían, escondidas tras un escudo de perfeccionismo forjado en otras áreas, como llevar una excelente alimentación. Debía aceptar que tenía muchas heridas y traumas sin curar. No estaba rota, y seguía completa, como todos nosotros, pero necesitaba sanar, y esa sanación tenía que suceder a través de mi corazón, el único lugar donde podía encontrar verdadera aceptación y también el auténtico perdón.

Tuve que perdonarme por todas las cosas hirientes que dije, por las personas a las que lastimé, por las veces que ataqué a mi esposo y a otros seres queridos porque estaba sufriendo y no sabía cómo protegerme, ni consolarme, ni cómo superar ese dolor. Tuve que perdonar a mis padres por no haber estado a mi lado emocionalmente de la manera en que me hubiera gustado, aunque, a medida que mi corazón continuaba despertando, llegué a trascender el perdón y, en su lugar, encontré la aceptación y que todo, en su conjunto, era adecuado. Mi infancia y el modo exacto en que fui criada fueron realmente un perfecto regalo creado específicamente para mi crecimiento en esta vida, y no lo cambiaría por nada.

Es verdad que no todo este trabajo del corazón hace que te sientas bien cuando te estás dedicando a él. Emergerán a la superficie cosas que duelen y que te lastimarán. Sin embargo, puedes hacer un enérgico cambio de mentalidad, alejándote de la perspectiva de víctima para considerar como regalos todas las experiencias que viviste. Y ver que lo que ahora está surgiendo puede permitir una sanación más profunda y convertirse en un camino para que accedas a tu totalidad, despertando a tu corazón en un nivel completamente nuevo. Todo tu poder y tu belleza están ahí, esperando a que los reclames. No tienes por qué tener miedo, porque cuentas con tu corazón no solo para guiarte a través de todo esto, sino también para acompañarte incondicionalmente.

UNA PRIORIDAD DIFERENTE

Desde este nivel de apertura del corazón, es evidente que la vida no tiene una meta predeterminada: es un camino, no una carrera en la que haya que vencer, no se trata de ir tachando cosas de una lista. Lo que gana otra persona no es una pérdida para ti. El fin no justifica los medios. No hay ningún premio que cobrar. Al final, la persecución de logros y conquistas no es lo más importante en la vida. Cuando esa antigua orientación vital se desvanece, surge un nuevo camino que dirige toda nuestra existencia.

Esa nueva dirección se convierte en una vida basada en el corazón, experimentando cada momento de forma plena. Vivir desde el corazón significa vivir en la auténtica abundancia. Reconoces que todo lo que buscabas no solo lo tenías delante de ti, sino que estaba en una cantidad mayor de la que imaginabas: satisfacción, compasión, paz, gratitud, solidaridad y, sobre todo, amor. A medida que vives cada momento más desde el corazón, lo cual es un signo de esta etapa, te vas convirtiendo en un reflejo de todo lo que has cultivado. Y alcanzas a comprender que la abundancia, no la escasez, es la verdadera esencia del mundo.

Todavía puedes interesarte por disfrutar de experiencias divertidas, por conseguir el éxito en tu carrera, la riqueza financiera o por mejorar tu situación económica o de cualquier otro tipo, pero hay algo que ha adquirido una mayor importancia. Esta nueva prioridad ha superado *todas* esas cosas y, al mismo tiempo, las intensifica y amplifica, ya que su poder es incomparable.

Esa prioridad es la armonía y el amor, y todo lo demás se ajusta a ellos. De este modo, tu vida se simplifica de una manera extraordinaria, y dado que el amor es lo principal, se llena de coherencia en todas sus facetas. *Tú y tu entorno vibráis en una frecuencia más alta y, de hecho, eres capaz de crear más fácilmente lo que deseas en el plano material*. Las circunstancias positivas, incluso sorprendentes, las personas que te apoyan y las situaciones favorables fluyen hacia tu vida con mayor frecuencia.

Por ejemplo, nunca habría imaginado la fertilidad de la naturaleza con todos sus hermosos paisajes, que mi esposo y yo podríamos incorporar a nuestras vidas. A medida que nuestros corazones se desbloquearon y la coherencia creció en ambos y en nuestra familia, también crecieron los beneficios a nuestro alrededor. Fuimos capaces de crear en Hawái una granja de producción de cacao mediante el sistema de permacultura, y al año siguiente ya habíamos duplicado su tamaño. Esto fue un gran contraste con el pasado, incluidos aquellos períodos en los que tenía que elegir entre asistir a una clase de yoga o comprar cerezas orgánicas, y vivía en un diminuto apartamento en la ciudad de Nueva York, rodeada de cemento, teniendo frecuentes dificultades para pagar el alquiler. Tal es el poder de tu corazón cuando despierta para cambiar las circunstancias externas desde el interior hacia fuera. También tú experimentarás esta verdad cada vez más a medida que tu corazón siga liberándose.

El amor, de forma natural, se convierte en la energía predominante en tu vida. El amor *es* la inteligencia en su manifestación más elevada. Trae unidad y armonía, y también gran abundancia. Te das cuenta de la existencia de una manera diferente de amar, una que se expande, que no es exclusiva ni concedida solo para ciertas personas y objetos. Hay espacio para todos y todo. Todo el mundo es un miembro sagrado de la familia. El amor se convierte en tu estado de ser, en la parte más abrumadoramente importante de tu vida, y como tal, te conviertes en un devoto del amor.

Un proverbio zen dice: «Antes de la iluminación, corta leña, lleva agua. Después de la iluminación, corta leña, lleva agua». Tras alcanzar elevados niveles de inteligencia del corazón, todavía tienes que realizar tus tareas y responsabilidades diarias. Aunque la vida te pueda parecer igual en ciertos aspectos, la sentirás radicalmente diferente porque estás experimentando un grado distinto de conciencia en un nivel diferente de despertar del corazón. Ahora te sientes expansivo, conectado y unificado con la vida como nunca antes.

En esta etapa, se siente raro no estar en el corazón. Eres amable cuando en el pasado te hubieras enfadado. Pasas por alto la equivocación de una persona en lugar de juzgarla. Eres generoso cuando en etapas anteriores del corazón eras avaro. Experimentas un amor incondicional real, te sientes atraído a servir a los demás y abrazas el perdón.

En esta etapa, la inteligencia del corazón es enorme, poderosa y también práctica. Sabes y experimentas la verdad de que la vida funciona mejor cuando estás en tu corazón. Tu intuición aumenta de manera relevante y conoces cuál es el mejor camino para seguir en cualquier situación. Además, compruebas la mejoría de los resultados en tu profesión, en tus objetivos y en tus relaciones.

El Corazón Leal es increíblemente efusivo, pacífico, amoroso y poderoso, todo al mismo tiempo. Pero sigue adelante, porque aún hay nuevos niveles que explorar.

EL LENGUAJE DEL CORAZÓN CREA UNA INTUICIÓN SUPERIOR

En investigaciones realizadas en la década de 1970 por un equipo del *Fels Research Institute*, dirigidas por los fisiólogos John y Beatrice Lacey, se descubrió que los latidos del corazón de una persona no funcionaban simplemente como una bomba mecánica, sino que creaban un *lenguaje inteligente*. Este lenguaje inteligente del corazón afectaba a la actividad eléctrica de los centros cerebrales superiores e influía de manera significativa en cómo una persona percibe, reacciona y se comporta en el mundo.[59]

Esto significa que el lenguaje de tu corazón puede «hablar» a tu cerebro, creando nuevas respuestas de calma de nivel superior ante los numerosos acontecimientos de la vida. Imagina cómo es la vida para un bebé. Llora cuando tiene una necesidad, pero la persona que lo tiene a su cargo, su cuidador, su cuidadora, tiene que adivinar qué es lo que demanda con su llanto. Los bebés a menudo experimentan frustración porque su falta de lenguaje limita su capacidad para expresarse y conseguir lo que desean.

La inteligencia del corazón es como agregar un trascendental e inédito lenguaje a tu cuerpo y a tu vida. Un lenguaje lleno de información profunda, intuitiva y expresiva que proporciona un nuevo nivel de resolución de problemas y que es una guía inteligente. En la etapa del Corazón Leal, tu inteligencia del corazón y el lenguaje de tu corazón despiertan a una nueva dimensión. Todo esto otorga una auténtica liberación en tu vida, como el bebé que empieza a sentirse más libre cuando puede hablar. Ya no está atrapado en la prisión de una comunicación limitada, ahora puede pedir que le den leche, expresar que está cansado o decir que necesita un cambio de pañal, y gracias a esta mejor comunicación, su vida entera se amplía de una manera extraordinaria.

Tu inteligencia del corazón te ayuda a escapar de una prisión que quizás ni siquiera sabías que habitabas: los patrones antiguos. Estos patrones incluyen, por ejemplo, que tu cuerpo dé una respuesta de estrés por desencadenantes emocionales repetidos, o que te sientas estancado en ciertas relaciones o situaciones laborales. En cambio, el poder de tu corazón te da espacio para respirar y la capacidad de ver las cosas desde una perspectiva completamente diferente.

Cuando estimulas el poder de tu corazón, tu energía interna cambia en tu día a día. Como te sientes diferente desde tu interior, tu comportamiento también es distinto. Tu trabajo, tus relaciones..., comenzarán a transformarse para alinearse con ese nuevo estado que tienes dentro de ti. Restablecer el lenguaje y fortalecer la comunicación entre tu corazón y tu cerebro en un rango completamente nuevo es la clave para vivir una vida más libre y feliz.

DESARROLLAR TU INTUICIÓN

En esta trayectoria que has recorrido desde el Corazón Oscuro hasta ahora, has estado trabajando para superar la confusión, que aparece cuando el poder del corazón se apaga y no puede iluminar el camino. Incluso cuando sentiste más energía en la etapa del Corazón Impulsado, estabas aturdido sin decidirte sobre cuál era la mejor vía que seguir. Puede que hayas ido en una dirección y luego cambiaras a la opuesta; es posible que dudaras sobre qué dieta era la mejor para tu cuerpo; tal vez elegiste a la pareja equivocada, ya sea en lo personal o en los negocios, y solo con el tiempo viste todas las señales de alerta; quizás, simplemente, no sabías qué hacer con tu vida.

Al principio de fundar mi negocio, formé una sociedad con alguien a quien no conocía demasiado. Estaba emocionada porque podía cubrir los aspectos relativos a la tecnología y a otras áreas en las que yo carecía de experiencia, y tenía una forma de hablar tan convincente que me hizo pensar que podía lograr muchas cosas. Recuerdo no estar segura de que estaba haciendo lo correcto o si era la persona indicada, pero estaba ansiosa por empezar y ponerlo todo en marcha. Terminó robando una gran cantidad de dinero del negocio, lo que provocó un final dramático a una sociedad que fue complicada y difícil desde su comienzo. Más adelante, fue evidente que era mi ego el que había estado tomando las decisiones, aunque mi corazón tenía dudas.

En la etapa del Corazón Leal, gran parte de la confusión previa se disuelve. Llegas a este punto, que se corresponde con un alto nivel de coherencia del corazón, al practicar la Meditación HeartAlign del capítulo tres (recuerda que la coherencia de los participantes en nuestro estudio aumentó un veintinueve por ciento en solo un mes de práctica), junto con otras prácticas ofrecidas en este libro, y haciendo el cambio constante hacia tu corazón y buscando su inteligencia para que te guíe.

Todo esto allana el camino para la intuición. Las investigaciones revelan que cuando el corazón y el cerebro están sincronizados y la coherencia aumenta, se accede a una inteligencia mucho más profunda, y entonces podemos intervenir en nuestros niveles más altos de rendimiento.[59] La mayoría de los autores y empresarios que he entrevistado para mi pódcast *Feel Good* han mencionado lo importante que fue la intuición para conseguir el éxito, incluso en aquellos negocios dedicados sobre todo a la tecnología. Esa inteligencia más profunda es la inteligencia del corazón, y la intuición es una parte fundamental de ella.

Una mayor coherencia conduce a un estado más tranquilo y ordenado en todo lo relacionado con los ritmos de tu corazón y otros sistemas, lo que te permite escuchar tu propia intuición. Cuanto más coherente seas, más podrá hablarte tu corazón intuitivo.

¿Qué es exactamente la intuición? ¿Y cómo nos habla? No es tan tangible ni está tan ordenada como un ensayo escrito, que es lo que preferiría la mente salvaje. De hecho, está completamente más allá de lo tangible. Paramahansa Yogananda dice acerca de ella: «Es una profunda sensación de *conocimiento* dentro de ti».[60] También nos enseña: «No requiere intermediarios, ni pruebas del testimonio de los sentidos o de la razón».[61] La intuición no se basa simplemente en una cuestión de blanco o negro o de listas de pros y contras. Por el contrario, involucra una percepción directa. Requiere acceso a una inteligencia más profunda más allá de la mente lineal, porque la intuición es no lineal.

Einstein hace referencia a la armonía y alude al poder de la intuición como un sentimiento cuando dice:

> El sentimiento religioso del científico toma la forma de una asombrosa admiración ante la armonía de la ley natural, que

> revela una inteligencia de tal superioridad que, en comparación con ella, todo el pensamiento sistemático de los seres humanos es un reflejo completamente insignificante. Este sentimiento es el principio rector de su vida y su trabajo.[62]

Es emocionante saber que tu intuición es un superpoder que ya posees; solo necesitas aprender a acceder a él. Tu intuición se dispara en la etapa del Corazón Leal y te proporcionará la mejor guía en cualquier decisión que tengas que tomar en tu vida. Quizás hayas tenido la experiencia de seguir una corazonada, y te llevó por el camino correcto. En lugar de dejar que la intuición aparezca de manera aleatoria, quieres desarrollarla aún más, para que tus probabilidades de lograr el máximo éxito se revelen, lo cual ocurre, de forma natural, en paralelo con el aumento de la coherencia del corazón.

La intuición puede presentarse como sentimientos, mensajes y guías desde el interior, que es lo que hemos aprendido a sintonizar con las prácticas de HeartAlign. Es una forma deliberada de recurrir a la inteligencia del corazón para obtener una orientación intuitiva y permitir el espacio necesario para ver qué nos tiene que decir.

Recuerdo la sensación que tuve al hablar por primera vez con mi futuro esposo, Jon, cuando nos conocimos en una cena un viernes por la noche. Mientras todos los demás se relacionaban entre ellos antes de sentarse a la mesa, nosotros nos miramos a los ojos y comenzamos a sintonizar, ajenos al resto de la gente que estaba a nuestro alrededor. Me sentí fluir, conectada con mi cuerpo, conmigo misma y con él. Después de quince minutos de conversación, ambos sospechamos que estábamos destinados el uno al otro, y resulta que así fue.

Dimos un paseo por la playa a primera hora de la mañana del sábado después de la cena y quedamos para ir a un evento esa misma noche. En otras palabras, en las primeras veinticuatro horas después de conocernos estuvimos juntos tres veces. Y desde ese día nos volvimos casi inseparables. Nos comprometimos después de seis semanas, y nos casamos menos de quince días después en el Compton Courthouse, el primer tribunal disponible en Los Ángeles que nos permitió el matrimonio. Aunque en términos de tiempo lineal podría parecer rápido para algunos, nunca nos lo pareció a nosotros ni a nuestros corazones. Ahora, años después, trabajamos en nuestra relación como todos deben hacerlo, pero nuestro amor y nuestra conexión siguen fortaleciéndose cada vez más.

A veces, los sentimientos o mensajes intuitivos pueden parecer ilógicos o «erróneos» para la mente lineal. Por eso es tan importante trabajar en estar cada vez más tranquilo en tu vida. La calma, como aguas claras, te permite escuchar de manera efectiva en lugar de recibir mensajes distorsionados y confundirte. La calma te evita que te engañen los pensamientos limitados del ego, las emociones caóticas y las viejas ideas rígidas que pueden llevarte por el camino equivocado.

Además, para activar realmente tu intuición, debes ser humilde. ¿Por qué? Porque la humildad te permite mantenerte despejado y aceptar la mejor ruta para cualquier situación, libre de las viejas y arraigadas pautas. Es fácil ser terco, una cualidad de la mente del caballo salvaje, que encuentra seguridad en avanzar con lo que cree saber que es lo mejor, pero que en realidad limita gravemente tu alegría y tu vida. Cuando no permites obstrucciones, los caminos asombrosos y la abundancia pueden empezar a desplegarse de manera increíble. Fíjate en cómo las personas más humildes con frecuencia logran un gran éxito.

DESPIERTA LA MAYOR FUERZA: EL AMOR REAL

El Corazón Leal alcanza una profundidad de amor que no se encontraba anteriormente. Un amor que es un estado permanente, incondicional e inmutable. La fuente de amor se descubre dentro de tu propio corazón y se revela la verdad: no hay un punto final para el amor. El amor es ilimitado. No necesita de un «otro» ni de ningún tipo de objeto para consumarse. Se desarrolla por sí mismo con su propia maravillosa energía. Debido a que el espejismo de la carencia se ha trascendido en esta etapa, el corazón ahora está preparado para hacer lo que se supone que debe hacer: irradiar amor.

Estar lleno de amor es poder dar amor plenamente y también ser digno de él. Cuanto más amas, más amor recibes. Y cuanto más sientes el amor dentro de tu corazón, más sientes el amor dentro de todos los demás corazones, incluso si ellos aún no pueden sentirlo por sí mismos.

El corazón puede «ver» más. Ver a los demás por lo que realmente son es uno de los actos más poderosos de amor, porque los ayuda a verse a sí mismos y a encontrar su camino de vuelta a su propio corazón. Te conviertes en una persona segura para los otros, porque pueden sentir que no estás tratando de obtener algo de ellos. Simplemente los amas por lo que son.

En las etapas anteriores, el amor está limitado a tu círculo familiar y a tus amistades. Sin embargo, a medida que el amor se expande a través del Corazón Leal, no conoce límites. Así, el círculo de amor crece enormemente. Con el tiempo, crece para incluir a todos. El amor verdadero es todo inclusivo y se eleva por encima de las preferencias. Sientes compasión y amor por los que pasan delante de ti en la oficina de correos; te importa la persona que está sentada a tu lado en el restaurante. Aunque no los conozcas personalmente, no necesitas hacerlo. Sabes que son miembros de tu familia, y no puedes excluirlos del halo de tu amor.

En esta etapa, el amor se transforma en una realidad previamente oscurecida por condiciones y limitaciones. Anteriormente, el amor a menudo estaba atado a requisitos como «te amaré mientras cumplas mis deseos» o por la expectativa de que el amor debería ser correspondido de una manera específica, como una calle de doble sentido. En cambio, el amor trasciende el estado transaccional de dar y recibir. Ahora, el amor emana de tu corazón incondicionalmente, sin barreras ni demandas. Es un amor que fluye libremente, sin expectativas ni reservas.

El amor incondicional no significa que no debamos crear límites saludables o usar nuestro propio discernimiento. Todavía puedes sentirte más atraído por algunas personas que por otras. Pero sin la expectativa de recibir amor a cambio, o de que el amor deba distinguirse de una manera específica, se vuelve expansivo, lo abarca todo, no tiene límites y se ofrece libremente sin reprimirse.

Yogananda dijo: «El amor es la fuerza más poderosa que puedes tener».[63] La mayoría de las personas necesita el indispensable nutriente del alma: el amor. Cuando la Madre Teresa pronunció el discurso frente a los graduados de la Universidad de Harvard en 1982, afirmó: «Sí, hay hambre. Tal vez no hambre de un trozo de pan, pero hay un hambre terrible de amor. Todos experimentamos eso en nuestras vidas. El dolor, la soledad».[64] La falta de conexión con el corazón y la incapacidad de sentir amor es la fuente de la mayoría de los problemas del mundo.

Cuanto más despiertas a tu Corazón Leal, más poder tienes para cambiar el mundo, comenzando con las vidas de los que te rodean. Ahora has accedido a la fuente inagotable de amor en tu corazón energético. Y ese amor es el combustible necesario para sanar el mundo. Si miras a tu alrededor, verás que hay mucho dolor y sufrimiento. Hay miedos, hay rupturas y hay bloqueos en los corazones que se manifiestan de un millón de maneras diferentes que puedes ver en lo que te rodea.

Tu corazón puede sanar el dolor de raíz y cambiar los resultados. Te conviertes en una fuente de amor e inspiración para todos los que te rodean. Esto incluye a tu familia y otros círculos cercanos, y luego se expande a cualquiera con quien entres en contacto. No es una exageración decir que realmente cambias vidas a medida que desbloqueas tu corazón. Esto es cierto de dos maneras: primero, tu campo electromagnético más coherente y elevado ayuda a crear más coherencia en el mundo, sin que tengas que «hacer» nada. El cambio comienza contigo, con tu corazón. Segundo, te conviertes en un canal para el amor en acción. Esto significa que la bondad, la compasión, el amor y la atención brotan naturalmente de tus acciones y palabras. Simplemente irradias el poder del amor, y eso cambia y mejora la energía a tu alrededor, incluida la energía de los demás, que pueden sentirse de manera diferente y cambiar sus comportamientos solo por estar cerca de ti.

Mi tía Lourdes, que vino de Filipinas y vivió con nosotros mientras crecíamos, irradiaba amor puro. Era sencilla; toda su vida era trabajo y oración. Emanaba una paz alegre y siempre fue dulce y amorosa conmigo y con todos los que estaban con ella. Hasta el día de hoy, continúa siendo una de las personas más atrayentes y deslumbrantes que he conocido. Ese es el tipo de amor que cambia el mundo.

Difunde amor con una sonrisa

Una de las formas más simples y poderosas de amor y auxilio es sonreír a alguien. Una sonrisa genuina, nacida del corazón, cambia la energía que te rodea. Crea una conexión instantánea, un puente que disipa la ilusión de que todos estamos aislados y separados. Una sonrisa revela en tu rostro la verdad del corazón: *estamos juntos en esta vida. Apoyémonos los unos a los otros.*

Si alguien está teniendo un día difícil, es posible que una sonrisa le dé fuerza y empuje, le ayude a levantar el ánimo. Y si, afortunadamente, su jornada está siendo maravillosa, una sonrisa le dará más brío y vivacidad. Sonreír a los demás es un acto de generosidad, es ser un «millonario de sonrisas», como nos anima Yogananda. Sonreír a otros es reconocer que tienes un abundante caudal de amor y amabilidad para dar, y que escoges ofrecerlo como regalo cada día.

APLICAR EL AMOR EN EL MUNDO DE LOS NEGOCIOS

Puedes utilizar el amor en el trabajo y en los negocios de manera práctica. «Pero si guías a otros con amor sincero, puedes ser un rey de corazones»,[65] nos enseña Yogananda. El amor no debe malinterpretarse como una energía sentimental o romántica. Los negocios se empequeñecen cuando los directivos y líderes cierran sus corazones y dirigen a sus equipos con frialdad y rigidez, creyendo que ser racionales y pragmáticos es el camino hacia el éxito empresarial. Pero esto, en realidad, reduce el éxito, porque esas energías ahogan la motivación y la vitalidad, y por tanto limitan el potencial.

Cuando, en cualquier negocio, introduces el amor, se consigue que florezca y crezca de una forma increíble, porque el amor es la energía más expansiva e inteligentemente luminosa que existe. Daniel Lubetzky estaba tan comprometido con la bondad y con devolver algo al mundo, que cuando fundó su empresa en 2004, llamó a su marca *Kind* ('amable'). Su compañía no solo se dedicaba a vender barritas y *snacks*, sino que también fue el medio para crear «el Movimiento Kind», del cual se dice que ha generado más de diecisiete millones de actos cotidianos de bondad. Esa energía amable y amorosa como núcleo del negocio también dio frutos materiales: la empresa fue adquirida posteriormente por cinco mil millones de dólares. El amor conecta. El amor construye. Cualquier cosa a la que le agregues amor crecerá. Cambia tu perspectiva y abre tu mirada para descubrir dónde puedes brindar amor a tus compañeros y colaboradores, en lugar de intentar dominarlos y, entonces, ellos pondrán su corazón en sus proyectos y en su trabajo de una forma que nunca habrían estado motivados a hacer, si no fuera por amor.

Ama a tus clientes, proveedores y consumidores, y cambia tu forma de ver las cosas: en lugar de pensar en cómo te pueden favorecer, pregúntate cómo puedes beneficiarlos. Vierte amor en la creación de tus productos y servicios, hazlo desde el corazón. Observa cómo el amor genera lealtad y hace que la gente hable de tu empresa, de una forma muy distinta al *marketing* forzado o artificial.

Usar la fuerza acaba rompiendo las cosas, mientras que el amor construye conexión y éxito en cualquier proyecto y en cualquier área de tu vida. Piensa en cuando alguien intenta imponerte su voluntad o decirte qué hacer en el trabajo. ¿Qué pasa? Probablemente, te resistes, le dices que te deje tranquilo o accedes a regañadientes, pero con un toque de resentimiento que termina contaminando todo el proyecto o la tarea. De cualquier forma, forzar y empujar no te lleva a donde quieres. Sin embargo, harías cualquier cosa por amor. El amor te da energía y motivación. El amor es el verdadero poder.

NUNCA PIERDAS UNA OPORTUNIDAD DE SERVIR A LOS DEMÁS

A medida que la relevancia de tu corazón se expande, ayudar es el núcleo fundamental de tu existencia. De forma espontánea, sentirás la necesidad de emplear tu vida en servir a los demás, en lugar de centrarte solo en el pequeño «yo». Tu Corazón Leal está lleno de amor, y el amor sirve, mientras que el ego, en su afán de recibir, eclipsa al corazón y busca que lo sirvan. El amor da y renuncia al deseo de obtener algo a cambio, superando los límites del intercambio egoico del «esto por aquello».

En la etapa del Corazón Leal, ese estado mental centrado en uno mismo, que en el pasado generaba tanta tensión y discordia en la mente y en el cuerpo, se transforma.

«Nunca pierdas una oportunidad de servir» significa seguir siempre el impulso de tu corazón hacia lo amable, lo amoroso y lo compasivo. Servir a los demás incluye cualquier momento en el que te preocupas sinceramente por el bienestar y los sentimientos de otros. El servicio es el amor en acción, y te brinda paz interior. Esto te alinea con tu corazón y te hace sentir no solo en paz, sino también lleno de energía y vitalidad. Eso sucede porque estás generando armonía en tu cuerpo físico y coherencia en todo tu ser: estás alineándote con tu corazón, con quien realmente eres.

El proceder del ego puede seguir apareciendo, diciéndote que debes evitar ayudar a alguien para poder avanzar o que tu bienestar es lo más importante. Pero cuanto más te abres a tu corazón, más superas al ego limitado y comienzas a vivir la enseñanza «trata a tu prójimo como a ti mismo». Entonces, amplías tu capacidad de canalizar el amor universal a través de tu propio corazón que, a medida que crece, también hace crecer tu alegría.

Estar al servicio de los demás significa tenerlos en cuenta, por ejemplo, algo tan pequeño como ceder el paso en un cruce; significa atender los sentimientos de los otros en cualquier situación: ser amable con la cajera del supermercado, en lugar de actuar con frialdad y limitarte al mero hecho de pagar; escuchar atentamente cuando alguien te habla, ya sea una persona mayor o un niño, o elegir dedicar parte de tu tiempo a apoyar a quien te necesite, a través del voluntariado, aconsejándolo o simplemente ayudando a un compañero con su trabajo, o a un estudiante con los deberes, aunque ello suponga una molestia para ti.

Servir es también ser un faro que guía a los demás de vuelta a su verdad interior. Al vivir como un Corazón Leal, demuestras cómo es alguien de gran corazón. Esto significa que puedes aceptar a los demás tal como son y, simultáneamente, verlos reflejando su máxima esencia luminosa. Los percibes hasta el fondo, donde reside la luz esencial en sus corazones. Aun así, puedes seguir expresándote en contra de lo que no es justo, comunicarte con claridad y mantener con firmeza aquellos valores y principios que defiendes. Y sin embargo, encuentras una forma pacífica de superar las muchas, muchísimas cosas que podrían molestarte o contra las que podrías reaccionar. Este es el camino para empoderar a otros para que también abran sus corazones.

Comienzas a darte cuenta de que tú estás bien, en realidad mucho más que bien, y entonces el foco se desplaza para ayudar a que otros corazones también se abran. Compartes con ellos formas prácticas de lograrlo. Y ves que cuantos más corazones se abren, más cambian la sociedad y el mundo para mejor. En lo profundo de tu ser, sabes que eres parte de ese cambio, y por eso dedicas tu vida a apoyar la apertura del corazón en el planeta, a tu manera, como tu propósito o como parte de él.

El servicio más profundo que puedes dar exige disolver tu ego progresivamente, para elevarte hacia tu corazón. Esto implica ir hasta el fondo, hasta el amor ilimitado que reside en ti.

Mantener la coherencia interior a través de la compasión

Con el tiempo, también puedes aprender a mantener tu corazón abierto, despierto y en coherencia, como en el caso de la compasión. La compasión es una energía de alta inteligencia del corazón. Significa que te importa, escuchas y dices: «¿Qué pasa? Cuéntame qué problema tienes». Puedes mantener la coherencia y ofrecer amor y apoyo, ser empático y, aun así, no dejarte arrastrar por bajas pasiones, que crean incoherencia y no ayudan a nadie.

Supongamos que te enteras de que la madre de tu querida amiga acaba de recibir un diagnóstico grave. Mientras ella, sentada en el sofá, llora, tú también lo haces, y ambas fusionáis vuestro dolor durante horas, acabando con una caja entera de pañuelos. Al final, las dos estáis exhaustas y agotadas. En cambio, podría ser de esta otra forma: la abrazas y escuchas su dolor, pero mantienes tu corazón en equilibrio y coherencia. Le transmites amor y ternura, pero te mantienes firme en tu Corazón Leal y no te dejas absorber por la pena. Tu fortaleza y tu equilibrio la ayudan a que recupere su fuerza y su equilibrio.

Date cuenta de que la compasión revitaliza y fortalece. Permanece en la coherencia, y esa fuerza contribuirá a energizar tu corazón, mejorando tu salud y tu bienestar. Ayuda a profundizar en la comprensión, a encontrar soluciones intuitivas o, simplemente, a estar presente allí donde sea necesario, tanto para ti como para quienes te rodean. Y, en última instancia, esa es la verdadera forma de apoyar a los demás.

IR HASTA EL FINAL: LIBERAR VIEJOS BLOQUEOS Y ABRAZAR EL PERDÓN

En la etapa del Corazón Leal, permaneces en un estado de elevada inteligencia del corazón. Encuentras conexión en lugar de conflicto. Creces constantemente en sentimientos de amor y cuidado, y esa expansión continúa. Te sientes en paz como un estado general de reposo. Y, aun así, todavía hay más camino por recorrer. Puedes usar el poder de tu corazón coherente para seguir limpiando cualquier bloqueo del corazón que aún esté alojado en tu subconsciente y en tu sistema nervioso. Es como si hubieras caído en un arbusto con espinas: logras quitarte las más superficiales, pero luego te das cuenta de que, una vez retiradas esas, todavía quedan otras más profundas. Podrías elegir ignorarlas, y quizás duelan, pero seguirías viviendo. O puedes decidir ir hasta el final. Sacar todas las espinas profundas de nuestro corazón significa llegar hasta el amor más poderoso: el amor incondicional.

El Corazón Leal te insta a ir hasta el final en la limpieza de todo aquello que no esté en alineación con el corazón, tanto en tu sistema como en tu campo energético. Para lograrlo, necesitas una visión más profunda. A medida que se abre la inteligencia de tu corazón, se despeja el camino hacia una mayor claridad, lo cual también representa la apertura de la visión interior, o el ojo espiritual. Empiezas a verlo todo con más claridad.

Entonces puedes ver qué es lo que aún estás reteniendo. Puede que sean resentimientos antiguos hacia otras personas, cuestiones más importantes que aún no has podido perdonar por completo, o incluso reproches hacia ti mismo de los que no te has liberado. Todas estas son energías incoherentes que apagan tu luz y disminuyen el poder del campo electromagnético de tu corazón. Son como pequeños nudos que necesitan ser liberados para permitir que esas grandes y poderosas olas de energía fluyan, trayéndote más éxito, paz y felicidad.

En las primeras etapas del corazón, perdonar y librarte de la culpa profunda, el resentimiento y el dolor, cosas que creías que nunca podrías superar, parecía algo prácticamente imposible. En esta etapa, el poder de la inteligencia de tu corazón te brinda una visión clara: *la única forma de avanzar hacia la verdadera libertad es liberar los bloqueos más profundos de tu corazón*, *aquellos que impiden el fluir completo de su poderosa inteligencia*.

Estos bloqueos te impiden sentir el poder de la plena coherencia que se mueve a través de ti, ese estado en el que ardes con todo tu poder interior: máximo rendimiento, magnetismo y una expansión increíble de paz y alegría en cada momento de tu experiencia. Estos bloqueos del corazón son algunos de los mayores obstáculos que, en última instancia, te están alejando de la alineación con tu corazón, con tu Verdadero Ser.

Cuanto más liberas pensamientos perturbadores de tu mente subconsciente, es decir, recuerdos antiguos que aún llevan una carga emocional, más fuerte te vuelves mentalmente. Un pasaje del *Mahabharata* dice: «El perdón es la calma de la mente». Seguirás teniendo los recuerdos, pero sin esa carga emocional que desordena tu vida al traer el dolor del pasado a los sucesos y situaciones del presente. Esto te libera para experimentar una paz real y para ser la persona de buen corazón que siempre quisiste ser.

Muchos de nosotros cargamos con el peso de viejos resentimientos. Quizás estén relacionados con lo que consideras fallos en la forma en que tus padres o cuidadores te criaron, o con incidentes ocurridos en la escuela, en el trabajo o con tus familiares. No importa la edad que tenías cuando ocurrieron; a veces, las viejas heridas pesan tanto que necesitas soltarlas por partes.

Perdonar no significa aprobar las acciones de alguien ni decir que lo que sucedió está bien. No se trata de juzgar si alguien «merece» el perdón o si aprendió la lección. La capacidad de discernimiento puede llevarte a decidir tomar distancia de alguien para proteger tu bienestar, pero esa decisión es independiente del acto de perdonar.

Estoy realmente agradecida de que, más de una década antes de que falleciera, perdoné por completo a mi madre, quien me amó inmensamente, pero que, sin darse cuenta, durante gran parte de mi vida, solía hacerme críticas que me dolían muchísimo, y sentía mucha ira hacia ella. Sin embargo, al conectar más profundamente con mi corazón, pude ver la situación desde su perspectiva y darme cuenta de que no era algo tan personal. Simplemente actuaba como le habían enseñado: mi abuela también censuraba a menudo sus acciones.

También es esencial perdonarte *a ti mismo*. Si sientes culpa o remordimiento por algo doloroso que pudiste haber hecho en el pasado, el ego puede crear una identificación mental con la idea de ser «malo» o de no merecer amor ni cosas buenas. Esto apaga el brillo de tu corazón. La única manera de reparar verdaderamente las cosas es aprender las lecciones, soltar la culpa y comprometerte en adelante a alinearte más con tu corazón. De esa forma, puedes brillar con más fuerza para quienes te rodean, que es, en realidad, lo que el mundo más necesita.

En esencia, el perdón es volver a alinearte con el centro de tu corazón. Si el enojo o el dolor estaban «justificados» o no, es irrelevante en este contexto; el impacto emocional y físico sobre ti es el mismo, sin importar la causa. Si te aferras a la creencia de que tu enfado está justificado, en realidad estás luchando por mantener un bloqueo que impide que la verdadera inteligencia de tu corazón y su radiante brillo puedan expandirse. Abrazar el perdón es el camino más eficiente en términos de energía para tu espíritu. Rejuvenece tu salud, eleva tu bienestar y te libera del peso de los resentimientos del pasado. La misericordia y la compasión son puertas de entrada hacia una alineación más profunda con el corazón. Al cruzar ese umbral, experimentarás oleadas transformadoras de coherencia, que te conducirán a una mayor alegría y ligereza.

La siguiente práctica es una herramienta poderosa para seguir liberando la energía estancada y los viejos lazos del corazón, y continuar yendo hasta el fondo con la inteligencia de tu corazón.

Práctica HeartAlign
perdonar y dejar ir para alcanzar la libertad

Para que el amor sea verdaderamente incondicional, es necesaria la disposición a perdonar. Es el camino para liberar los resentimientos, experiencias y juicios del pasado que han clasificado a las personas en tu mente como indignas de amor.

El perdón nace de una de las cualidades que más abren el corazón: la humildad. La humildad te permite soltar las percepciones de la mente y rendirte a la comprensión del corazón. Entonces puedes volver a contextualizar la experiencia a través de la vasta inteligencia del corazón, para ver dónde hubo límites en la comprensión y en los comportamientos. E incluso, quizás, descubrir la inocencia innata que existía bajo la ignorancia.

El perdón es una especie de milagro. Transforma la energía vieja, estancada y poco saludable en la luz de una comprensión superior. El perdón fortalece tu fuerza vital.

Esta poderosa práctica te permitirá utilizar el poder de tu corazón para disolver y perdonar asuntos que permanecen cristalizados en tu interior y que te bloquean. La práctica HeartAlign de perdonar y dejar ir para alcanzar la libertad está, con su permiso, adaptada en parte de la técnica Cut-Thru ('atajo'), del HeartMath, diseñada para ayudar a liberar heridas y obstáculos del pasado a un nivel celular. Fue utilizada por los participantes en el estudio mencionado en el capítulo cuatro, donde los niveles de cortisol disminuyeron un veintitrés por ciento y la DHEA aumentó un cien por cien tras un mes de práctica de esta técnica de coherencia cardíaca.

Puedes practicarla cuando te sientas con fuerza y coherencia para entrar en tu interior y extraer algunas espinas profundas. Para ciertos temas más trascendentes, intensos y agudos puede que necesites realizar esta práctica varias veces, liberando ese entramado, pieza a pieza, poco a poco.

1. Toma conciencia de que existe un resentimiento, un rencor, algo que aún no has perdonado.
2. Relaja tu cuerpo.
3. Centra tu atención en el corazón y realiza algunas respiraciones lentas y profundas.
4. Genera intencionadamente el sentimiento de aprecio recordando a una persona o circunstancia que te permita conectar con esa energía expansiva. Luego, sumérgete en la amplitud de la energía del amor y dirígela hacia ti para sanar el dolor o la herida que aún sientes por ese hecho o esa persona.
5. Deshazte de esa preocupación adoptando una postura objetiva, como si la estuvieras observando desde la distancia.
6. Perdona punto por punto.
7. Siente agradecimiento hacia tu corazón por sus esfuerzos.

A continuación, te ofrezco una explicación más ampliada de cada uno de los anteriores pasos:

1. **Toma conciencia de que existe un resentimiento, un rencor, algo que aún no has perdonado.** Si puedes recordar algo que todavía te molesta, te hace sentirte resentido y de alguna forma te lleva a retener el amor, todo ello tiene una carga emocional vinculada a la memoria, y ahora puedes abordarlo para procesarlo, neutralizarlo y dejarlo ir. Sigue la guía de tu intuición sobre en qué bloqueo enfocarte en cada momento.
2. **Relaja tu cuerpo.** Puedes practicar el método de Yogananda de tensar y relajar que está incorporado en la Meditación HeartAlign, de la que he hablado en el capítulo tres, o simplemente puedes darle una pequeña sacudida a tu cuerpo o a tus hombros para liberar cualquier tensión acumulada. Quieres entrar en esta práctica con tu cuerpo lo más relajado posible.
3. **Centra tu atención en el corazón y realiza algunas respiraciones lentas y profundas**. Al igual que con los otros métodos de HeartAlign, lleva tu atención al área física y energética de tu corazón. Esta conciencia del corazón ayuda a generar coherencia en la comunicación entre tu corazón y tu cerebro, así como más coherencia en tus emociones, lo cual es necesario para que esta práctica sea efectiva.[66] Haz unas cuantas respiraciones lentas y profundas, imaginando que estás inhalando y exhalando desde tu corazón. Comienza

con unas cinco inspiraciones y cinco espiraciones, lo que equivale a seis ciclos respiratorios por minuto, la respiración que promueve la coherencia, y luego pasa a un ritmo natural y lento.

4. **Genera intencionadamente el sentimiento de aprecio recordando a una persona o circunstancia que te permita conectar con esa energía expansiva. Luego, sumérgete en la amplitud de la energía del amor y dirígela hacia ti para sanar el dolor o la herida que aún sientes por ese hecho o esa persona.** El poder de tu corazón puede sanarte a ti *primero*, y olvidamos este paso tan importante. A medida que sanamos y descubrimos que, en realidad, estamos bien y somos más fuertes a pesar de todo lo que nos haya podido suceder, se vuelve mucho más fácil perdonar a los demás y dejar ir. Genera intencionadamente el sentimiento de aprecio, lo que significa recordar a un ser querido o un acontecimiento del pasado que evoque este sentimiento regenerativo que promueve la coherencia. Luego, pasa al sentimiento expansivo del amor, ya sea con el mismo ser querido o con aquellas circunstancias que te ayuden a recordar ese sentimiento u otro semejante. Ahora dirige esa energía al dolor y la herida que sientes por lo que pasó. Es como curar una herida metafísicamente. El amor puede sanar cuando se dirige a hacerlo.

5. **Deshazte de esa preocupación adoptando una postura objetiva, como si la estuvieras observando desde la distancia.** Aquí es donde la inteligencia del corazón muestra su poder. Puede ayudarte a expandirte y distanciarte de esa situación lacerante para que seas capaz de acceder a una comprensión más profunda. Luego, podrás ver quién pudo tener restricciones en su comprensión o en su conducta, dónde hubo malentendidos, y cómo tú también pudiste haber intervenido en todo ello. Esto es posible gracias al poder del corazón. Si amplías tu perspectiva e imaginas que te estás viendo a ti mismo y a toda la escena, o como si lo que pasó no te ocurrió a ti sino a otras personas, puedes comenzar a desprenderte de la identificación excesiva con el problema en sí. Es la estrecha identificación, el sentimiento de violación que el ego mantiene al aferrarse a la idea de que «algo me ocurrió "a mí"», lo que nos mantiene atrapados en determinadas reacciones. Cuanto más objetivo puedas volverte, más podrás quitarle la carga emocional al asunto que te angustia, y más fácil será convertirlo en un recuerdo sin desmesuradas emociones añadidas que te aten a él. Recuerda, esto es para tu libertad, no para la de la otra persona (si es que hay otra persona involucrada).

6. **Perdona punto por punto.** Permanece en tu corazón para intentar destruir el problema y perdonar sinceramente. Esto significa soltar, y al hacerlo, tu corazón se sentirá cada vez más liviano. A veces, un solo acto de perdón profundo puede generar una oleada exponencial de paz en tu vida. Esto puede suceder poco a poco, y tal vez necesites hacerlo varias veces para resolverlo por completo. Pieza a pieza, punto por punto, puedes empezar a perdonar y dejar ir, incluso si solo es en pequeñas partes.
7. **Siente agradecimiento hacia tu corazón por sus esfuerzos.** Cuando te des cuenta de que has llegado tan lejos como puedes, vuelve a apreciarte a ti y a tu corazón por haberte ayudado a soltar esos bloqueos y por su increíble sabiduría e inteligencia.

El perdón exige, sin duda, un trabajo profundo. Pero cuanto más perdonas y dejas ir, más cambias el aferrarte al dolor y a los bloqueos en tu corazón y en tu vida por ligereza, libertad y una mayor apertura para que el amor fluya a través de ti.

Tuve una clienta, a quien llamaremos Mary, que tenía una herida profunda con su madre. Es decir, albergaba una gran ira y resentimiento hacia ella por la forma en que la trató durante su infancia, en la que se sintió descuidada, ignorada y nunca amada. Aunque no se hablaba con ella desde hacía años –de hecho, no la invitó a su boda y no conocía a sus dos hijos–, su madre seguía apareciendo con cierta regularidad en las conversaciones. Por eso supe que había un bloqueo en su corazón bastante fuerte y cercano a la superficie, que simplemente debía procesar y soltar para sanar. Mary había recurrido a las drogas y al alcohol durante muchos años, y tenía problemas de ansiedad y reflujo ácido estomacal de carácter crónico. Además de algunos cambios dietéticos que eran necesarios, me parecía que la «acidez» de su ira, literalmente, se estaba desbordando.

Como en todas las situaciones en las que hemos sentido un gran dolor y sufrimiento, el camino hacia el perdón, una de las formas más poderosas de desbloquear el corazón, requiere tiempo. Mary y yo no hablamos mucho del pasado o de la situación en sí, lo que hicimos fue practicar asanas de yoga y toda una serie de ejercicios para movilizar la energía, junto con profundas inhalaciones por la nariz y exhalaciones por la boca. Fue el corazón el que creó la sanación. Él la llamó, y yo solo la acompañé en su proceso de curación interna con meditación y enseñándole cómo hacer la práctica Heart Align perdonar y dejar ir para alcanzar la libertad. A medida que liberaba, experimentaba una profunda paz. Esto coincidió con una etapa de gran crecimiento y creatividad en su carrera profesional. Ahora es una madre más amorosa con sus hijos. Y su reflujo ácido también está en gran parte curado.

UN CORAZÓN CÁLIDO ES UN CORAZÓN ACTIVADO

Cuando alguien tiene un corazón cálido, significa que quienes lo rodean se sienten reconfortados por la luz todopoderosa de su corazón. Tener un corazón cálido es estar alimentado por un corazón coherente que irradia amor y conexión. Primero te nutre a ti y luego a todos los que te rodean. Un corazón cálido es inclusivo. Es atractivo. Y es increíblemente magnético. Es como una fogata alrededor de la cual todos quieren sentarse. Y tú te conviertes en la luz.

Piensa en esa fogata. Tienes que cuidarla. Debes soplar sobre las pequeñas brasas para avivarlas y ayudarlas a crecer. Le prestas atención y le agregas más leña cuando es necesario, para seguir alimentando la llama. Cuando está bien atendida, brinda calor a todos los que se reúnen a su alrededor.

Entonces, ¿cómo mantienes tu corazón cálido? Lo cuidas con tu atención y lo mantienes activado. Eso significa que está con el interruptor «encendido» manteniéndolo vivo con energía siempre renovada, sin importar lo que esté sucediendo a tu alrededor. Lo mantienes conectado a una fuente inagotable de poder: el poder de la inteligencia de tu corazón. Tu corazón puede ser un cálido fuego siempre en llamas.

En términos prácticos, mantener tu corazón cálido y activado significa que te conectas constantemente con su poder. Es importante practicar con regularidad los ejercicios presentados aquí, así como cualquier otra herramienta que te ayude a abrir y despertar la inteligencia de tu corazón. Y más allá de eso, trasciendes hacia una vida guiada por él. *Esto significa que cada acción que realizas y cada palabra que pronuncias nacen directamente de tu corazón.*

La concentración es una herramienta muy importante que debes cultivar porque te permite superar la inquietud y la confusión. Cuanto más puedas entrenarte para concentrarte en tu corazón, más receptivo serás a la inteligencia profunda de tu corazón y más fuerte será tu voluntad para superar cualquier tendencia egoica que pueda surgir. ¿Cómo lo puedes hacer? Practicando regularmente la Meditación HeartAlign y otras herramientas basadas en el corazón que aparecen en este libro, herramientas de HeartMath y otras técnicas de meditación enormemente efectivas, como el Kriya Yoga, con un enfoque y una concentración crecientes. Concentrarte en tu interior es una habilidad que debes desarrollar, pero las recompensas son infinitas.

A medida que vives y cribas la vida a través de tu corazón, comienzas a notar que eres más paciente. Te sientes más ligero. Ya no te molestas tanto cuando tu compañero de piso olvida vaciar el lavavajillas o cuando los niños tardan una eternidad en subirse al coche. Hay menos tragedia en el trabajo y con tus amigos. Tu capacidad para mantener la calma en medio del caos crece exponencialmente en momentos en los que antes solías estresarte.

Hay mucha belleza y poder con los que te sientes conectado, justo en tu corazón y justo en este momento.

PERSONIFICACIÓN DEL CORAZÓN:
consejos y estilos de vida para apoyar el Corazón Leal y profundizar en él

Las siguientes prácticas de estilo de vida pueden apoyar aún más tu profundización y el despertar de tu Corazón Leal:

- **Practica una alimentación y una cocina intuitivas.** A medida que el corazón se abre, junto con tu intuición, es importante alejarse de una forma de alimentarse mental o racional. Existe una manera mucho más profunda de hacerlo, y requiere la sabiduría intuitiva de estar en sintonía contigo mismo. Observa si hay ciertos alimentos (verduras, frutas...), comidas o colores que te atraigan en un momento dado. Continúa practicando, de forma regular, la técnica de alineación corazón-intestino, mencionada en el capítulo cuatro, antes de tomar tus decisiones alimentarias. Tú eres el mejor guía para ti.

- **Come frutas dulces y frutos del bosque.** Hay una «dulzura» que acompaña al despertar del Corazón Leal y que hace que una persona sea cada vez más amable, compasiva y amorosa, y puedes hacer florecer aún más esa dulzura energética comiendo los alimentos dulces de la naturaleza, en especial frutas como mangos, naranjas, uvas y plátanos, así como arándanos, fresas y frambuesas. Estos alimentos también están repletos de antioxidantes, minerales y vitamina C, que fortalecen la vitalidad.
- **Aporta sacralidad y admiración a tus comidas.** Dedicarse al mundo interior significa tener un sentido de lo sagrado en el momento de recibir lo que entra en tu cuerpo, incluida la comida. Es un ritual diario poderoso y sencillo tomarse un momento para la gratitud, decir una oración o estar en silencio mientras comes. Si en casa no damos inmediatamente las gracias por los alimentos que vamos a tomar durante la cena familiar, nuestro hijo más pequeño nos lo recuerda. Los rituales diarios evocan que la magia y el amor abundan por todas partes.
- **Elimina las toxinas y los desechos de tu cuerpo.** El perdón tiene que ver con tirar lo viejo, y eso también se fomenta y se favorece manteniendo tu cuerpo lo más limpio y libre posible de la acumulación de residuos corrompidos y desperdicios,

ya que la energía permea todos los niveles. La espirulina es una potente planta verde que puedes incorporar a tu dieta. Crece en el agua, que es el elemento que ayuda a aflojar y liberar la materia vieja, y se ha demostrado que es un agente quelante, es decir, que favorece la reacción química que provoca un quelato que, en medicina, se emplea para eliminar los metales pesados y otras toxinas y expulsarlas del cuerpo. (Como alguien que ha pasado muchos años sufriendo de estreñimiento crónico en distintos niveles, y al ver que muchos de mis clientes tenían los mismos problemas, me he interesado especialmente en encontrar las formas más saludables y seguras de limpiar a fondo el tracto gastrointestinal y el resto del cuerpo de manera regular. Por eso creé el *Feel Good Detoxy*. Puedes echarle un vistazo en la sección «Recursos» si te interesa).

Puntos clave del Corazón Leal: intuición y perdón

- En la etapa del Corazón Leal, hay un nivel tan alto de despertar del corazón que te orientas más hacia el mundo interior que hacia el mundo exterior.
- El amor incondicional y las demás cualidades del corazón –como el afecto, la paz, la compasión, el aprecio y el cuidado– emergen como las energías dominantes en tu vida.
- Debido a que en esta etapa hay una coherencia del corazón mucho más elevada y un mayor acceso a la inteligencia del corazón, es muy fácil generar más abundancia y éxito en tus proyectos y esfuerzos creativos.
- La intuición aumenta considerablemente, lo que te da la capacidad de acceder a un mayor número de soluciones que antes no estaban disponibles para ti al guiarte solo a través de la mente.
- Ahora tienes la fuerza para liberar y perdonar resentimientos y quejas que te han bloqueado. La poderosa práctica HeartAlign perdonar y dejar ir para alcanzar la libertad te permite hacerlo.

Hay una etapa más del corazón por explorar, una etapa en la que tu corazón se abre tanto que se unifica y se fusiona con todo lo que está dentro y fuera, y con el gran corazón universal, de modo que todo se convierte en uno.

Vamos a sumergirnos una vez más en tu hermoso y despierto corazón.

Capítulo 7

ETAPA 5

EL CORAZÓN CLARO: ARMONÍA CORAZÓN-CEREBRO

En la etapa del Corazón Leal, te fusionaste con la coherencia y el amor incondicional dentro de tu corazón y ahora te importa profundamente el bienestar de los demás. En la etapa del Corazón Claro, vas más allá: te fusionas con el corazón universal. Tu ego se ha disuelto por completo, y te conviertes en uno, con todos los corazones en todas partes. Espiritualmente, esta es la experiencia de la unidad, o *samadhi*, como se la conoce en el yoga. Es lo que Lao-Tse* mencionaba cuando dijo: «Si quieres conocerme, mira dentro de tu corazón».[67]

Si alguna vez has visto un prisma, al principio parece bastante simple porque es transparente. No es llamativo.

* N. del T.: Aunque en «Recursos» aparece como nombre del autor Lao-Tzu, y su libro *Tao Te Ching*, en el texto he utilizado el nombre en español Lao Tse y el título *Tao Te King*.

Pero cuando lo sostienes bajo la luz del sol, su verdadera magia se revela. A medida que la luz pasa a través de él, el prisma refleja el espectro lumínico completo como hermosos colores del arcoíris. Al igual que el prisma, el Corazón Claro es transparente. Y en la transparencia, la luz del gran corazón universal puede brillar a través de él.

Sri Yukteswar escribe: «Cuando se retira todo lo que incrementa la Ignorancia, el corazón, al estar perfectamente limpio y purificado, ya no se limita a reflejar la Luz Espiritual, sino que la manifiesta activamente».[68] Porque no hay nada que obstruya el corazón, que puede desplegar todo su radiante poder. El corazón simplemente se convierte en luz. Una luz física y metafísica. Hay un patrón de luz producido por el campo electromagnético de tu corazón, del que hablamos anteriormente. Tu corazón literalmente emite luz. ¿Y cuál es el origen de esa luz? En un sentido metafísico, proviene de la Fuente. La mayor fuente de un poder energético, brillante y de inteligencia superior que nos conecta a todos.

El Corazón Claro es la etapa definitiva de la máxima coherencia del corazón; en ella, este, el cerebro y la mente alcanzan lucidez y se transforman en unidad. Por eso, el Corazón Claro también es un corazón humilde. Te lleva a la comprensión de que nadie es mejor que nadie. «Todas las almas son iguales»,[69] como dice Yogananda. *Todos los corazones son, en esencia, iguales. El Corazón Claro simplemente es más transparente.*

Todos experimentamos momentos del estado del Corazón Claro cuando entramos en la plenitud absoluta del ahora, que se encuentra dentro y fuera de nosotros y en todas partes a la vez. Es esa intensa sensación expansiva, fuera del tiempo y el espacio, que te permite abandonarte en un concierto junto a miles de personas cantando tu canción favorita, cuando te quedas ensimismado contemplando una puesta de sol o cuando miras a los ojos de tu hijo.

Es en estos momentos cuando reconoces que tu corazón ya está límpido, y cuanto más profundizas en la etapa del Corazón Claro, más fuerte se vuelve esta comprensión que silencia por completo al ego, de modo que la mente y el corazón se vuelven uno solo. Esto no está fuera de nuestro alcance, porque se encuentra dentro de nosotros. Necesitamos una visión cristalina para verlo en nuestro corazón.

LA PAZ MÁS PROFUNDA

En el feto, el corazón se forma *antes* que el cerebro y comienza a latir por sí solo. El cerebro se desarrolla de abajo hacia arriba, formándose primero el tronco encefálico y después los centros emocionales de la amígdala y el hipocampo. El cerebro pensante, o racional, se desarrolla posteriormente a partir de las regiones emocionales.[70] *En otras palabras, el cerebro emocional se forma mucho antes que el cerebro racional, aunque el primero en hacerlo es el corazón palpitante.* Esto significa que, antes del cerebro pensante, habitábamos ese espacio de no pensamiento, de existencia completamente intuitiva.

El *Tao Te King* dice: «¿Puedes limpiar tu visión interior hasta no ver nada más que la luz?».[71] También continúa diciendo:

> Así, el Maestro está a disposición de todos
> y no rechaza a nadie.
> Está dispuesto a usar todas las situaciones
> y no desperdicia nada.
> A esto se le llama encarnar la luz.[72]

La luz ve la luz. Existe la apariencia de las personas, cómo se ven, lo que hacen y dicen, pero la realidad más profunda es la luz en el corazón de todos los demás. Gandhi escribió: «Para un corazón puro, todos los corazones son puros».[73] En esta etapa, te sientes completo y ves la vida como un todo, porque la luz es totalidad.

Esto significa un corazón lleno de paz. El corazón se vuelve transparente como el cristal, libre de sus propias percepciones y juicios que lo empequeñecen y obstaculizan. Así, el corazón no «bloquea» la vida. Está en plena tolerancia pacífica y en armonía con lo que es.

Cuando estás en el ahora, hay una profunda confianza en que tu destino se desarrolla como debería, y puedes descansar en esa paz. Hay una transición de *obtener* energía a *recibir* energía. Como estás en alineación con el gran canal de la fluencia, de la inteligencia, se permite que la vida se despliegue de la forma más hermosa, profunda y sin obstáculos.

Y como no te encasillas, tampoco etiquetas a los demás. Simplemente eres, todos simplemente son y la vida simplemente es. El Corazón Claro no categoriza a las personas como inteligentes, tontas o sabias. Por eso, todo el mundo se siente como en casa. Y la paz se extiende a otros corazones.

Un Corazón Claro es totalmente auténtico. Se ejemplifica en una persona que es directa, sin nada que ocultar ni nada que defender. El corazón y la mente se fusionan en uno solo. Cuando estás en el ahora, eres el dueño de tu mente y de tus emociones. Cuando no eres nadie desde una perspectiva egoica, eres todo el mundo, porque eres el Corazón. Eres la luz que está en todas las personas y en todas las cosas.

El mundo también empieza a verse de otra manera. Hay un grado completamente nuevo de armonía universal que se puede percibir más allá de lo que sucede en la superficie. Solo los corazones más claros pueden ver la perfección de la creación.

El autor y psiquiatra David Hawkins describe:

> Todo lo que existe es perfecto y completo. La creación no va de la imperfección a la perfección, como lo percibe el ego, sino que se mueve de la perfección a la perfección. La ilusión de pasar de la imperfección a la perfección es una mentalización.

> Por ejemplo, un capullo de rosa no es una rosa imperfecta, sino un capullo de rosa perfecto. Cuando está medio abierto, es una flor perfecta que empieza a abrirse, y cuando está completamente abierta, es una flor abierta perfecta. Al marchitarse, es una flor marchita perfecta, que luego se convierte en una planta marchita perfecta, que después entra en una perfecta latencia.[74]

Esa visión de perfección eterna significa que toda la creación es sagrada. Es una perspectiva que no es visible desde todas las etapas del corazón, al igual que el paisaje se ve diferente si estás al pie, a la mitad o en la cima de la montaña. Y trae los sentimientos más profundos de paz.

NADIE Y TODOS

En la etapa del Corazón Claro, el yo es el otro. El otro eres tú. La experiencia de unidad, todos somos olas del mismo océano, no es poesía, sino realidad. «Abandonando la vana idea de su existencia separada»,[75] como dice Sri Yukteswar, nos fundimos en la absoluta vitalidad y alegría de estar completos dentro de nosotros y en unidad con la vida.

El ego quiere «ser alguien», inventarse un nombre o una reputación. Se aferra a etiquetas y títulos, a una personalidad o a lo que posee para construir una identidad sobre quién se es. En esta etapa, todo eso desaparece, porque ahora tenemos la visión para ver que intentar categorizar el corazón reduce su verdadera esencia. La energía no puede ser contenida en un pequeño recipiente. El Tao que se puede nombrar no es el eterno.

Si seguimos la pregunta meditativa de Ramana Maharshi «¿Quién soy yo? ¿Quién soy yo?» y continuamos profundizando hasta el núcleo, descubrimos que estamos más allá de cualquier concepto que pueda recibir un nombre. El Corazón Claro se disuelve en la nada y emerge como el todo. Solo se identifica con la luz interior. El corazón, el Ser Verdadero, no se puede nombrar ni clasificar o encasillar. Simplemente es.

«No se puede contener en un vaso el océano, a menos que el vaso sea tan grande como el océano»,[76] enseña Paramahansa Yogananda. El «vaso» incluye todas las etiquetas, ideas y títulos; todas las maneras en que nos identificamos como profesional, madre, tío, gerente, doctor, agente inmobiliario, asistente, bibliotecario, joven, viejo, inteligente, no tan inteligente, atractivo, sencillo, mejor que, peor que. También incluye los sistemas de creencias que cierran o dividen. El océano es la inteligencia universal superior a la que se puede acceder a través del corazón energético. El Corazón Claro se abre en total transparencia a esa inteligencia superior, y por eso irradia con el poder de la totalidad.

El ser de esta etapa significa que, en cada momento, el corazón posee un poder inmenso, dondequiera que esté. No un poder en el sentido de presionar, sino un poder que deviene de estar plena y totalmente presente en cada instante, y de este modo fluir plenamente con la vida. Ningún obstáculo del pasado puede dibujar este momento con recuerdos de emociones o reacciones distorsionadas. Nada bloquea el poder del amor. No hay expectativas. Simplemente se está presente en totalidad, con un corazón claro y transparente, fluyendo con la vida en cada momento.

Esta historia de la Madre Teresa describe al Corazón Claro en acción:

> Tras aceptar el Premio Nobel de la Paz, la Madre Teresa se detuvo en Roma de regreso a la India desde Estocolmo. Un periodista le preguntó sobre la aparente futilidad de sus esfuerzos. «Madre, usted ya tiene setenta años –le dijo–. Cuando muera, el mundo estará igual que antes. ¿Qué habrá cambiado después de tanto esfuerzo». Sonriendo, la Madre Teresa le respondió: «¿Sabe?, nunca quise cambiar el mundo. Solo he intentado ser una gota de agua pura en la que el amor de Dios pueda reflejarse. ¿Le parece poco?».[77]

Hay una alegría intocable en esta etapa. Y eso se debe a que, como enseña Sri Yukteswar, el Corazón Claro ha comprendido «la nada del mundo exterior» y, en su lugar, se convierte en el «Amor Omnipotente en el núcleo del corazón».[78] El *Bhagavad Gita* menciona una de las cualidades del alma, el «fulgor del carácter», que se describe como alguien con magnetismo espiritual, con «una expresión exterior serena de una profunda alegría interior».[79] *Fulgor* es la palabra que mejor parece describir la energía luminosa y la luz brillante que emanan de alguien que ha alcanzado este nivel del pleno despertar del corazón.

Vivir con total transparencia frente a la vida significa que hay dicha y alegría por descubrir en cualquier lugar y en todo momento. El Corazón Claro está siempre presente, consciente y abierto a la vida en cada instante, ya sea que estés alimentando al perro, mirando por la ventana o caminando por el supermercado. La alegría se encuentra cuando pones el corazón en cada momento.

SURGEN LOS MILAGROS

Gracias a su transparencia, el Corazón Claro se fusiona sin esfuerzo con todo, forjando una profunda interconexión que allana el camino a las sincronicidades. Esta alineación facilita acontecimientos que parecen milagrosos, sucesos que una mente lineal jamás consideraría posibles.

Yogananda nos enseña: «Pero en cuanto meditas y permites que tu conciencia se retire hacia su fuente, el alma inmortal, te das cuenta de que no estás sujeto a esos restrictivos patrones limitantes».[80] Los milagros proceden de la inteligencia superior, que se mueve de manera no lineal y que no puede ser comprendida solo por la mente intelectual. Lo verdaderamente maravilloso se manifiesta a través de la armonía perfecta entre el campo del corazón y el campo mayor.

Estos milagros no son el resultado de una persona en particular. Son impersonales y se deben al poder del campo energético que fluye a través de ellos. Las historias clásicas del héroe occidental suelen culminar con el protagonista superando sus dudas y creyendo: «Yo tengo el poder». El Corazón Claro, en cambio, reconoce la verdad: «Un poder superior se mueve a través de mí». Gandhi dijo: «Existe una fuerza en el universo que, si se lo permitimos, discurrirá a través de nosotros y producirá resultados milagrosos».[81]

En la epopeya india *El Ramayana*, Hanuman, una deidad hindú, es presentado ante la corte como héroe por haber rescatado a Sita, esposa del rey dios Rama, del palacio del demonio Ravana. Hanuman rechaza el anillo de esmeralda que le ofrecen como recompensa, lo cual desconcierta a la multitud y, en su lugar, se abre el pecho y revela en el centro de su corazón a Sita y Rama, representados ahí, reconociendo que dentro de él hay algo mucho más poderoso con lo que está fusionado y a lo que sirve. Ese algo no necesita recompensa ni reconocimiento.

Por supuesto, aún queda, en un sentido práctico, algo de pensamiento, pero aquellos pensamientos superfluos y las valoraciones banales se han disuelto. A esto se refiere Lao-Tse cuando dice: «Él no piensa en sus acciones; estas fluyen desde el núcleo de su ser».[82] Se acabaron preguntas tales como: «¿Estoy haciendo esto bien?» o «¿Debería hacer esto o aquello?». Tus acciones se funden con tu corazón. La división entre tú y los demás desaparece. La separación entre las preguntas y las respuestas se disuelve. Solo queda la vida, el ser. Uno simplemente se convierte en un instrumento como parte del despliegue más amplio de la vida. La mente está en silencio.

Una de las formas de ir más allá del pensamiento es estar totalmente impoluto por dentro. Es decir, tener la conciencia limpia. Cuanto más haces lo correcto, no solo por ti, sino por el bien de los demás, cuanto más resuelves situaciones del pasado y digieres y procesas recuerdos antiguos atrapados en tu interior, tu conciencia será más inmaculada.

Yogananda dice: «Cuando tu conciencia está limpia, cuando sabes que estás haciendo lo correcto, no tienes miedo de nada».[83] Un corazón sin miedo puede entonces abrirse por completo y mantener espacio para milagros y sincronicidades asombrosas.

Autotrascendencia

En sus últimos años, el psicólogo Abraham Maslow revisó su pirámide de la jerarquía de necesidades para añadir otra etapa más allá de la autorrealización. La llamó *autotrascendencia.* Maslow dice: «La trascendencia se refiere a los niveles más elevados e inclusivos u holísticos de la conciencia humana, comportándose y relacionándose, como fines y no como medios, con uno mismo, con los demás seres humanos en general, con otras especies, con la naturaleza y con el cosmos».[84] Propuso que una de las principales características de las personas autotrascendidas es la autonomía e independencia de la cultura y el entorno.[85] No necesitan la aprobación de los demás, y sus opiniones no se forman a partir de las circunstancias inmediatas en las que se encuentran. La autotrascendencia se alcanza cuando una persona busca una causa más allá del yo y se identifica con algo más grande que el yo individual.[86]

En este nivel de trascendencia, algunos hablan muy poco. El gran gurú del yoga Lahiri Mahasaya así lo hacía, aunque atraía a multitudes de personas de toda la India que querían estar ante su presencia. San Francisco de Asís se consagró a una vida de soledad y oración por los pobres, a un aislamiento cada vez mayor, y se convirtió finalmente en un ermitaño. El gran yogui Mahavatar Babaji permaneció recluido en una cueva del Himalaya.

La trascendencia nace de la transparencia. Trascendemos de nosotros mismos cuando nos dejamos ir, cuando abandonamos el yo y nos conectamos con algo mucho más grande. Metafóricamente, nos arrojamos al fuego del amor eterno del corazón y quemamos todo lo que no es amor, todo lo que no proviene del corazón. Entonces, solo queda él y aquello que nos conecta profundamente con nosotros mismos, con los demás y con toda vida.

EL PODER DE TU CONEXIÓN

El campo coherente y luminoso de tu corazón contribuye a la sanación del mundo y de quienes te rodean. En realidad, estos campos individuales se fusionan en un campo singular y elevado. En este nivel, comprendemos la verdad del principio de la no dualidad: la unidad inherente de todo. Estamos más que interconectados; estamos unificados por una inteligencia singular y vasta. Todos formamos parte del mismo océano inmenso, cada ola indudablemente conectada con el todo.

Una mayor coherencia puede superar el caos, y por eso la inteligencia del corazón te da el poder de vencer pensamientos negativos y patrones limitantes. También puede sanar los corazones de los demás. Un corazón coherente tiene un gran poder en el mundo. Investigaciones del HeartMath Institute descubrieron que cuando las personas se tocan, por ejemplo al tomarse de las manos, o simplemente al estar cerca, la energía eléctrica de un corazón se transmite a las ondas cerebrales de la otra persona, y viceversa.[87] Esto significa que tu energía, tu energía electromagnética, afecta a quienes te rodean e influye en ellos. También puede que otros te afecten, como se menciona en el capítulo tres, pero al entrar en un poderoso estado de coherencia en el Corazón Claro, tu corazón se convierte en una luz en la oscuridad.

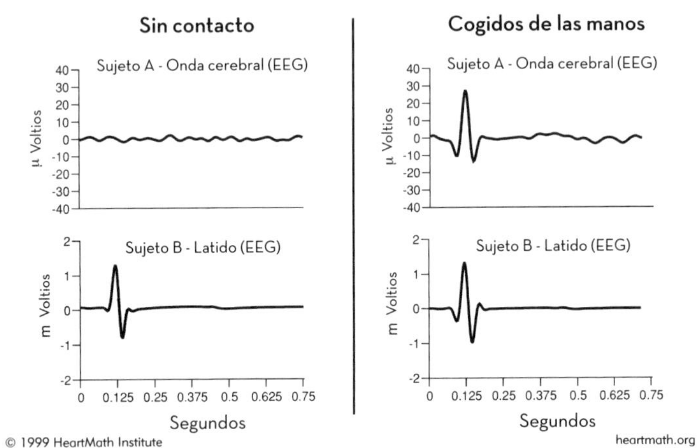

Formas de onda promediadas de la señal del latido del corazón que muestran una transferencia de la energía eléctrica generada por el corazón del sujeto B, la cual puede detectarse en el EEG (ondas cerebrales) del sujeto A cuando se toman de las manos. (Cortesía del HeartMath Institute, 2024).

Si haces fluir una emoción como el cariño mientras tocas a otros, puedes promover su salud y su bienestar.[88] Sabemos que una cálida caricia de una enfermera o un médico puede marcar una gran diferencia. Intuitivamente sentimos que un abrazo de un ser querido es curativo. Existe abundante investigación clínica que respalda lo que ya sabes instintivamente sobre el contacto afectuoso. Se ha demostrado que ayuda, por ejemplo, a niños asmáticos a mejorar su función respiratoria y a bebés con insomnio a conciliar el sueño;[89] también se ha comprobado que aumenta el bienestar y la salud en adultos.[90]

En la etapa más avanzada del desarrollo del corazón, reconocerás que tu corazón es una fuente inagotable de amor, paz y alegría. Entonces, la vida gira en torno a encarnar esta energía y compartirla con los demás. Incluso en comparación con la etapa profundamente compasiva del Corazón Leal, el Corazón Claro se entrega aún más al servicio de los otros. El propósito principal de la vida se centra en el servicio: tu objetivo básico se convierte en compartir este amor y cuidado con quienes te rodean.

Estás al servicio simplemente al emitir un campo de energía coherente, un campo de luz que todos a tu alrededor pueden sentir. También estás al servicio al irradiar amor incondicional, amabilidad y buena voluntad hacia todos los que entran en contacto contigo.

Una forma intencional de estar al servicio es a través de la siguiente práctica, que te enseña cómo transmitir conscientemente la energía de tu propio corazón al mundo.

Práctica HeartAlign de transmisión del corazón

Consiste en utilizar el poder y la inteligencia del amor de una manera práctica. Al transmitir intencionadamente amor hacia el ámbito más amplio del mundo, siempre puedes estar al servicio de los demás y ser una fuerza sanadora en el planeta, porque todos los campos energéticos están interconectados.

Al mismo tiempo, esta práctica genera un alto nivel de coherencia en ti al saturarte con la inteligencia más elevada que existe: el amor. Así que, al tener la intención de servir a los otros de esta forma, también fortalecerás tu propia salud y vitalidad. Cuanto más das, más recibes.

- Lleva tu atención a tu corazón.
- Inhala amor y, al exhalar, envía ese amor a todas las células y órganos de tu cuerpo y a todas las partes de tu ser.
- Inhala amor y, al exhalar, transmite la energía del amor desde tu corazón hacia el mundo.

A continuación, tienes una explicación más ampliada de estos pasos.

- **Lleva tu atención a tu corazón.** Siempre comienza por aquí. Coloca toda tu atención directamente en tu corazón, olvidándote de todo lo demás.

- **Inhala amor y, al exhalar, envía ese amor a todas las células y órganos de tu cuerpo y a todas las partes de tu ser.** Conecta con la energía todopoderosa del amor, que siempre está ahí, disponible para ti. Puedes ir directamente al sentimiento o, al igual que en otras prácticas de HeartAlign donde generabas aprecio, puedes autogenerar amor recordando a un ser querido, una situación o un momento que te ayude a entrar en esa energía expansiva. Sostén ese sentimiento de amor en tu interior. Respíralo profundamente y, con cada exhalación, envíalo a cada célula de tu cuerpo y a todas las partes de tu ser, hasta que te sientas completamente impregnado de amor.
- **Inhala amor y, al exhalar, transmite la energía del amor desde tu corazón hacia el mundo.** Observa cómo la respiración más suave, y a la vez más profunda, te permite sentir el poder del amor. El amor es la mayor de las inteligencias y nunca necesita forzar nada. Con cada exhalación, envía ese amor a quienes te rodean en este momento y luego extiéndelo hacia el mundo, especialmente hacia quienes necesitan sanación y paz. Conoce y siente que el campo electromagnético de tu corazón forma parte del campo mayor que conecta todas las cosas y a todas las personas. Y que tu luz y tu amor pueden amplificar la luz y el amor del mundo.

Iniciativa de coherencia global

La coherencia global se refiere al orden sincronizado y armonioso no solo dentro de los sistemas del cuerpo individual, sino también en un grupo o colectivo. Una creciente cantidad de evidencias sugiere que existe un campo energético que conecta a toda la sociedad. La comunidad científica apenas está comenzando a apreciar y comprender, desde una perspectiva más amplia, cómo estamos interconectados. El sociólogo Raymond Bradley, en colaboración con el eminente investigador del cerebro, el neurocientífico y neurocirujano Karl Pribram, descubrió que la mayoría de los grupos tienen algún tipo de conexión energética emocional entre prácticamente todos los miembros.[91]

La investigación sobre la coherencia global abarca una gran variedad de datos científicos para obtener nuevas perspectivas sobre la interconexión entre el comportamiento y la salud de los seres humanos, la actividad magnética del sol y de la Tierra, los disturbios sociales, los acontecimientos globales significativos y muchos más temas que los científicos han discutido durante décadas. Consulta la sección de Recursos si estás interesado en aprender más sobre la Iniciativa de Coherencia Global (GCI) del Instituto HeartMath.

MANTRA DE AFIRMACIÓN

Puedes repetir el siguiente mantra como una afirmación para seguir conectándote con la verdad en tu corazón. En el método de Yogananda para practicar mantras, se repite el mantra de afirmación en voz alta con un tono normal, luego se susurra, y finalmente se dice en silencio apelando a nuestro interior, fusionándose con la energía que hay detrás de las palabras.

Practícalo después de realizar la Meditación HeartAlign, manteniendo toda tu concentración en el corazón, y cada vez que durante el día sientas la necesidad de conectar profundamente con él.

Yo soy el corazón.
Yo soy la luz.
Yo soy el amor ilimitado del Verdadero Ser dentro del corazón.
Mi corazón es una luz que muestra a otros corazones la verdad de su propia luz.
Yo soy el corazón.

ENCARNAR EL CORAZÓN: consejos de estilo de vida para apoyar el despertar del Corazón Claro

Las siguientes prácticas de estilo de vida pueden apoyar aún más tu profundización y el despertar de tu Corazón Claro:

- **Abraza la simplicidad.** En algún momento, nos damos cuenta de que no necesitamos tantas cosas. Más no es más. Lo sencillo es más, porque el camino sencillo es el sendero despejado que nos lleva hacia delante. Intenta simplificar tu estilo de vida, tus necesidades, tu entorno, tu agenda diaria y tus comidas. Por ejemplo, puedes comer un plato delicioso, pero preparado de manera más sobria, sin exceso, prestando una mayor atención a la frescura de los ingredientes. Pregúntale a tu corazón cómo es posible hacer esto a lo largo de tu vida.
- **Come más alimentos crudos y germinados.** Los alimentos crudos son verdaderamente poderosos porque contienen la nutrición pura y no alterada procedente de la naturaleza. Intenta comer más verduras y frutas crudas. Puede que, con el tiempo, tengas que fortalecer tu poder digestivo ingiriendo enzimas digestivas, que te ayudan a descomponer los alimentos de manera efectiva y son muy útiles. También incorpora germinados,

que puedes añadir a cualquier plato o ensalada. Están llenos de fuerza vital y contienen grandes cantidades de nutrientes fácilmente asimilables y digeribles, como proteínas, ácidos grasos, minerales y vitaminas. Son uno de los alimentos más efectivos para aumentar tu vitalidad, lo cual apoya aún más el desbloqueo energético más profundo del corazón.

- **Conéctate con la naturaleza.** La energía de sentir la unidad, la desaparición de la división o las brechas percibidas entre tú y cualquier otra cosa, fomenta un gran bienestar. Esta unidad, experimentada en esta etapa como la completa armonía entre tu corazón y tu mente, es el Corazón Claro. Y también puedes fomentar la experiencia de la energía de la unidad conectándote con la naturaleza y mediante el contacto directo con la tierra tanto como te sea posible. Quítate los zapatos y camina descalzo por la playa o por el parque, prueba a hacerlo por los senderos y el barro (como le encanta hacer a mi familia) o túmbate sobre el césped y mira el cielo estrellado. Cuanto más te conectes profundamente con la naturaleza, más podrás conectar con tu propio corazón.

Puntos clave del Corazón Claro: armonía corazón-cerebro

- El Corazón Claro es el nivel más elevado del corazón humano, donde nuestro corazón se vuelve transparente y se fusiona con el corazón universal.
- En esta etapa, se experimenta unidad, profunda conexión y una paz interior inquebrantable.
- Esta etapa corresponde al nivel más elevado de coherencia del corazón, conocido como armonía corazón-cerebro, donde el corazón, el cerebro y la mente alcanzan la máxima claridad y se vuelven uno solo.
- Las mejores cualidades del corazón fluyen a través de ti plena y constantemente, incluyendo la compasión, la paz, la gratitud, el éxtasis y el amor.
- La pwráctica HeartAlign de transmisión del corazón te permite, de forma deliberada, estar al servicio del planeta y ser una fuerza sanadora al enviar amor al mundo.
- Esta etapa permite alcanzar los niveles más altos de conocimiento intuitivo, así como grandes sincronicidades y lo que parece milagroso.

Al concluir juntos nuestro viaje hacia el corazón, espero que te sientas inspirado a seguir despertando tu maravilloso corazón. Nuestro viaje hacia él es continuo. Te animo a releer este libro cuando sientas que lo necesitas, ya que tu corazón es dinámico y se volverá cada vez más abierto y receptivo a nuevas y distintas maneras de información.

Por favor, continúa utilizando, con sinceridad y concentración, las herramientas y prácticas que se ofrecen aquí, y la magnífica inteligencia y coherencia de tu corazón seguirá creciendo el resto de tus días hacia alturas cada vez mayores.

Es emocionante saber que todo lo que necesitas y deseas está dentro de tu corazón, y está aquí mismo, ahora. Solo tienes que dejar que te guíe de regreso al reconocimiento de quién eres realmente.

Conclusión

EL CAMINO GUIADO POR EL CORAZÓN

La Madre Teresa dice:

> «Si estuviéramos más dispuestos a ver las cosas buenas y bellas que nos rodean, seríamos capaces de transformar nuestras familias. A partir de ahí, cambiaríamos a nuestros vecinos más cercanos y luego a otros que viven en nuestro barrio o ciudad. Seríamos capaces de llevar paz y amor a nuestro mundo, que tiene tanta hambre de estas cosas».[92]

Todos somos capaces de realizar grandes cambios en nuestras vidas y en el mundo desde nuestros corazones. El corazón puede ver lo bueno y lo bello que a veces se encuentra bajo la superficie. Alberga la vasta inteligencia del corazón, capaz de superar la división y de ver, gracias a ella, la armonía y el amor.

A continuación, te presento un extracto de *The Cosmic Sphere of Love* [La esfera cósmica del amor],[93] un ejercicio de meditación de Paramahansa Yogananda:

> Concéntrate en una esfera de amor dentro de tu corazón, llena de luz que se expande constantemente, en un halo de gloria, abarcando tu cuerpo, a todos los que te rodean, todas las naciones, toda la Tierra. Ahora esa gran esfera de amor contiene en su seno todos los planetas, la Vía Láctea, todas las galaxias y a cada uno de nosotros. En ese amor cósmico, contempla cómo se restaura la armonía en todas las partes de la Tierra y del universo.[94]

Tu corazón guarda la clave de tu mayor poder: tu poder para traer amor, compasión y cuidado al mundo y puede transformarte en todos los niveles: físico, emocional, mental y espiritual, y luego puede irradiar hacia afuera y transformar el mundo que te rodea y más allá.

La intención de este libro es ayudarte a despertar a tu verdadero poder. Por favor, úsalo. El mundo necesita tu corazón despierto.

RECURSOS

Solluna es una marca de estilo de vida holístico que fundé para apoyarte en tu viaje hacia la conexión con la totalidad de tu corazón y tu Verdadero Ser. Contiene propuestas basadas en nuestra filosofía de los Cuatro Pilares: alimento, cuerpo, bienestar emocional y crecimiento espiritual. Visita www.MySolluna.com, nuestro centro principal para:

- Pistas de Meditación HeartAlign complementarias
- Solluna SBO Probiotics, el producto de limpieza diaria Feel Good Detoxy y otros productos digestivos
- El polvo Glowing Greens
- Cientos de recetas, como el Batido de Glowing Greens Powder, el Batido de Power Protein y elixires
- El *Feel Good Podcast* con Kimberly Snyder
- ¡Y mucho más!

LIBROS Y PROGRAMAS RECOMENDADOS

Autobiography of a Yogi, de Paramahansa Yogananda (*Autobiografía de un yogui,* Editorial Vergara, 2022).

The Holy Science, de Swami Sri Yukteswar (*La ciencia sagrada,* Editorial Self-Realization Fellowship, 2013).

The Self-Realization Fellowship Lessons (para aprender Kriya yoga), disponible en yogananda.org/lessons.

To Be Victorious in Life, de Paramahansa Yogananda (*Triunfar en la vida*, Editorial Self-Realization Fellowship, 2008).

Man's Eternal Quest, de Paramahansa Yogananda (*La búsqueda eterna*, Editorial Self-Realization Fellowship, 2002).

You Are More Than You Think You Are, de Kimberly Snyder (*Eres mucho más de lo que crees*, Editorial Sirio, 2023).

The Beauty Detox Solution, de Kimberly Snyder (*Solución Detox para la belleza natural*, Gaia Ediciones, 2014).

Heart Intelligence, de Doc Childre, Howard Martin, Dra. Deborah Rozman y Dr. Rollin McCraty (*La inteligencia del corazón*, Ediciones Obelisco, 2017).

The HeartMath Solution, de Doc Childre y Howard Martin (*La solución Heartmath*, Ediciones Obelisco, 2022).

HeartMath App (para explorar e incrementar tu coherencia cardíaca), disponible en App Store de Apple y en Google Play.

The HeartMath Inner Balance Coherence Plus sensor (para explorar e incrementar la coherencia de la

VFC para un alto rendimiento) disponible en *HeartMath.com*.

The Global Coherence Initiative (Iniciativa de Coherencia Global) del HeartMath Institute, un proyecto basado en la ciencia para unir a las personas en el amor y la intención centrados en el corazón, con el fin de facilitar el cambio en la conciencia global, disponible en *Heartmath.org/gci*

NOTAS

1. Rollin McCraty, *Science of the Heart: Exploring the Role of the Heart in Human Performance,* vol. 2 (Boulder Creek, CA: HeartMath Institute, 2015), 1-2, 8, 26, 53-65.
2. *Ibid.*, 5.
3. Doc Childre *et al.*, *Heart Intelligence: Connecting with the Heart's Intuitive Guidance for Effective Choices and Solutions* (Dundee, Escocia: Waterfront Digital Press, 2016), 29.
4. Paramahansa Yogananda, *Spiritual Diary: An Inspirational Thought for Each Day of the Year,* 2.ª ed. (Los Ángeles: Self-Realization Fellowship, 2005), 24 de septiembre (*Diario espiritual. Un pensamiento inspirador para cada día del año,* Editorial Self-Realization Fellowship, 2005).
5. Swami Sri Yukteswar, *The Holy Science*, 8ª ed. (Los Ángeles: Self-Realization Fellowship, 1990), 77. (*La ciencia sagrada,* Editorial Self-Realization Fellowship, 2013).
6. Paramahansa Yogananda, *Journey to Self-Realization* (Los Angeles: Self-Realization Fellowship, 1997), 410.
7. Yogananda, *Journey to Self-Realization*.
8. Rollin McCraty, Deborah Rosman y Doc Childre, eds., *HeartMath: A New Biobehavioral Intervention for Increasing Health and Personal Effectiveness –Increasing Coherence in the Human System* (Ámsterdam: Harwood Academic Publishers, 1999); L. Z. Song, G. E. Schwartz y L. G. Russek, Heart-Focused Attention and Heart-Brain Synchronization: Energetic and Physiological Mechanisms, *Alternative Therapies in Health and Medicine 4*, n.º 5 (septiembre de 1998): 44-62; Rollin McCraty, William A. Tiller y Mike Atkinson, Head-Heart Entrainment: A Preliminary Survey, en *Proceedings of the Brain-Mind*

Applied Neurophysiology EEG Neurofeedback Meeting, Key West, FL, febrero de 1996.

9. Rollin McCraty *et al.*, The Effects of Emotions on Short-Term Power Spectrum Analysis of Heart Rate Variability, *American Journal of Cardiology* 76, n.º 14 (15 de noviembre de 1995): 1083-1093; McCraty, Tiller y Atkinson, Head-Heart Entrainment; Rollin McCraty, Mike Atkinson y William A. Tiller, New Electrophysiological Correlates Associated with Intentional Heart Focus, *Subtle Energies 4*, n.º 3 (1993): 251-268; William Tiller, Rollin McCraty y Mike Atkinson, Cardiac Coherence: A New Non-invasive Measure of Autonomic System Order, *Alternative Therapies in Health and Medicine 2*, n.º 1 (1996): 52-65.
10. Joseph LeDoux, *The Emotional Brain: The Mysterious Underpinnings of Emotional Life* (Nueva York: Simon & Schuster, 1996). (*El cerebro emocional,* Planeta, 2000).
11. Glen Rein, Mike Atkinson y Rollin McCraty, The Physiological and Psychological Effects of Compassion and Anger, *Journal of Advancement in Medicine 8*, n.º 2 (verano de 1995): 87-105.
12. Yukteswar, *The Holy Science*, 45.
13. Robert C. Frysinger y Ronald M. Harper, Cardiac and Respiratory Correlations with Unit Discharge in Epileptic Human Temporal Lobe, *Epilepsia 31*, n.º 2 (abril de 1990): 162-171. https://onlinelibrary.wiley.com/doi/abs/10.1111/j.1528-1167.1990.tb06301.x.
14. Kimberly Snyder *et al.*, *The HeartAlign Meditation Study* (Los Ángeles: HeartMath Institute, 2023).
15. Snyder *et al.*, *HeartAlign Meditation Study.*
16. McCraty *et al.*, The Effects of Emotions; McCraty, Tiller y Atkinson, Head-Heart Entrainment; McCraty, Atkinson y Tiller, New Electrophysiological Correlates, 251-268; Tiller, McCraty y Atkinson, Cardiac Coherence, 52-65.
17. Rollin McCraty *et al.*, The Coherent Heart: Heart-Brain Interactions, Psychophysiological Coherence, and the Emergence of System-Wide Order, *Integral Review 5*, n.º 2 (diciembre de 2009): 101-115; Abdullah A. Alabdulgader, Coherence: A Novel Nonpharmacological Modality for Lowering Blood Pressure in Hypertensive Patients, *Global*

Advances in Health and Medicine 1, n.º 2 (mayo de 2012): 56-64.
18. Doc Childre y Howard Martin, *The HeartMath Solution* (Nueva York: HarperCollins, 1999), 105. (*La solución Heartmath,* Ediciones Obelisco, 2022).
19. McCraty, Tiller y Atkinson, Head-Heart Entrainment.
20. McCraty *et al.*, The Effects of Emotions.
21. Tiller, McCraty y Atkinson, Cardiac Coherence. 52-65.
22. Rollin McCraty *et al.*, Music Enhances the Effect of Positive Emotional States on Salivary IgA, *Stress Medicine 12*, n.º 3 (julio de 1996): 167-175.
23. Rein, Atkinson y McCraty, The Physiological and Psychological Effects of Compassion and Anger.
24. Song, Schwartz y Russek, Heart-Focused Attention and Heart-Brain Synchronization, 44-62.
25. McCraty, Rosman y Childre, *HeartMath: A New Biobehavioral Intervention*; Rollin McCraty *et al.*, The Electricity of Touch: Detection and Measurement of Cardiac Energy Exchange between People, en *Brain and Values: Is a Biological Science of Values Possible*, ed. Karl H. Pribram (Mahwah, NJ: Lawrence Erlbaum Associates, 1998), 359-379.
26. Paramahansa Yogananda, *Man's Eternal Quest: Collected Talks & Essays on Realizing God in Daily Life* (Los Ángeles: Self-Realization Fellowship, 1982), 79. (*La búsqueda eterna: cómo percibir a Dios en la vida diaria (Charlas y ensayos)* Editorial Self-realization Fellowship, 2010).
27. Yukteswar, *The Holy Science*, 78-79.
28. Sandra Blakeslee, Complex and Hidden Brain in the Gut Makes Stomachaches and Butterflies, *New York Times*, 23 de enero de 1996, sección C, C1.
29. *Ibid*.
30. McCraty, Tiller y Atkinson, Head-Heart Entrainment.
31. McCraty *et al.*, The Effects of Emotions; Childre y Martin, *The HeartMath Solution,* 38.
32. Yogananda, *Journey to Self-Realization*, 89-90.
33. D. S. Kerr *et al.*, Chronic Stress-Induced Acceleration of Electrophysiologic and Morphometric Biomarkers of Hippocampal Aging, *Journal of Neuroscience 11*, n.º 5 (mayo de 1991): 1316-1317; Robert M. Sapolsky, *Stress, the Aging*

Brain, and the Mechanisms of Neuron Death (Cambridge, MA: MIT Press, 1992).

34. Robert M. Berne y Mathew N. Levy, *Physiology*, 3.ª ed. (St. Louis: Mosby, 1993).
35. S. C. Manolagas, D. C. Anderson y R. Lindsay, Adrenal Steroids and the Development of Osteoporosis in the Oophorectomized Women, *Lance*t *2* (22 de septiembre de 1979), 597.4.
36. P. De Feo *et al.*, Contribution of Cortisol to Glucose Counterregulation in Humans, *American Journal of Physiology 257*, n.º 1 (julio de 1989): E35-E42.
37. Per Mårin *et al.*, Cortisol Secretion in Relation to Body Fat Distribution in Obese Premenopausal Women, *Metabolism 41*, n.º 8 (agosto de 1992): 882-886.
38. McCraty *et al.*, The Impact of a New Emotional Self-Management Program, 151-170.
39. Yogananda, *Journey to Self-Realization*, 104.
40. McCraty *et al.*, The Effects of Emotions; McCraty, Tiller y Atkinson, Head-Heart Entrainment; McCraty, Atkinson y Tiller, New Electrophysiological Correlates, 251-268; Tiller, McCraty y Atkinson, Cardiac Coherence, 52-65.
41. R. K. Prabhu y U. R. Rao, *Mind of Mahatma Gandhi* (Ahemadabad, India: Navajivan Mudranalaya, 1968).
42. Vincent Sheean, *Lead, Kindly Light: Gandhi and the Way to Peace* (Borodino Books, 2018).
43. *Ibid.*
44. Hitendra Wadhwa, *Inner Mastery, Outer Impact: How Your Five Core Energies Hold the Key to Success* (Nueva York: Hachette Books, 2022), 289.
45. Yukteswar, *The Holy Science*, 51.
46. Ralph Waldo Emerson, *Self-Reliance* (White Plains, NY: Peter Pauper Press, 1967). (*Confianza en uno mismo,* Gadir Editorial S.L., 2022).
47. LeDoux, *The Emotional Brain*.
48. Aron Siegman *et al.*, Dimensions of Anger and CHD in Men and Women: Self-Ratings versus Spouse Ratings, *Journal of Behavioral Medicine 21*, n.º 4 (agosto de 1998): 315-336.
49. McCraty, *Science of the Heart*, 11.
50. *Ibid.*, 26-27.

51. Laura Pringle, correo electrónico a la autora, 29 de noviembre de 2023.
52. Yogananda, *Journey to Self-Realization*, 272.
53. Yukteswar, *The Holy Science*, 55.
54. *Ibid.*, 95.
55. Brother Premamoy, *Bringing Out the Best in Our Relationships With Others* (Los Ángeles: Self-Realization Fellowship, 1983), 25.
56. Yogananda, *Man's Eternal Quest*, 73.
57. Yukteswar, *The Holy Science*, 82.
58. J. Armour, Neurocardiology: Anatomical and Functional Principles, en McCraty, Rosman y Childre, *HeartMath: A New Biobehavioral Intervention*; John I. Lacey y Beatrice C. Lacey, Some Autonomic-Central Nervous System Interrelationships, en *Physiological Correlates of Emotion*, ed. Perry Black (Nueva York: Academic Press, 1970), 205-227; J. Koriath y E. Lindholm, Cardiac Related Cortical Inhibition During a Fixed Foreperiod Reaction Time Task, *International Journal of Psychophysiology 4*, n.º 3 (noviembre de 1986): 183-195; Rainier Schandry y Pedro Montoya, Event-Related Brain Potentials and the Processing of Cardiac Activity, *Biological Psychology 42*, n.º 1-2 (5 de enero de 1996): 75-85.
59. McCraty, Tiller y Atkinson, Head-Heart Entrainment.
60. Yogananda, *Journey to Self-Realization*, 309.
61. *Ibid.,* 308.
62. Albert Einstein, *The Albert Einstein Collection: Essays in Humanism, The Theory of Relativity, and The World As I See It* (Nueva York: Open Road Media, 2016), 182.
63. Paramahansa Yogananda, How to Succeed in Finding God, *Self-Realization Magazine* (verano de 2008), 10.
64. The Harvard newspaper reported: Mother Teresa Speaks Her Mind, *Harvard Magazine*, 25 de abril de 2011, www.harvardmagazine.com/2011/04/greatest-hits-mother-teresa.
65. Yogananda, *Journey to Self-Realization*, 276.
66. McCraty *et al.*, The Effects of Emotions; McCraty, Tiller y Atkinson, Head-Heart Entrainment; McCraty, Atkinson y Tiller, New Electrophysiological Correlates, 251-268; Tiller, McCraty y Atkinson, Cardiac Coherence, 52-65.

67. Lao-Tzu, *Tao Te Ching*, trad. inglesa Stephen Mitchell (Nueva York: HarperCollins, 1988), verso 70. (*Tao te King,* Editorial Sirio, 2019).
68. Yukteswar, *The Holy Science*, 41.
69. *Sayings of Paramahansa Yogananda* (Los Ángeles: The Self Realization Fellowship, 1980), 21. (*Máximas de Paramahansa Yogananda,* Editorial Self-Realization Fellowship, 2001).
70. Childre y Martin, *The HeartMath Solution*, 9.
71. Lao Tzu, *Tao Te Ching*, verso 10.
72. *Ibid.*, verso 27.
73. *Gandhi Literature: Collected Works of Mahatma Gandhi*. Volumenes 1 a 98. http://www.gandhiashramsevagram.org/gandhi-literature/collected-works-of-mahatma-gandhi-volume-1-to-98.php.
74. David R. Hawkins, *Transcending the Levels of Consciousness: The Stairway to Enlightenment* (Estados Unidos: Hay House, 2006), 280.
75. Yukteswar, *The Holy Science*, 53
76. Yogananda, *Journey to Self-Realization*, 221.
77. Leo Maasburg, *Mother Teresa of Calcutta. A Personal Portrait: 50 Inspiring Stories Never Before Told* (Ignatius Press: 2015), 194. (*La Madre Teresa de Calcuta: un retrato personal,* Ediciones Palabra S.A., 2012).
78. Yukteswar, *The Holy Science*, 39, 36.
79. Paramahansa Yogananda, *God Talks with Arjuna: The Bhagavad Gita: Royal Science of God-Realization*, 2 vol. (Los Ángeles: Self-Realization Fellowship, 1995), 966. Hay trad. cast. *El Bhagavad Gita: Dios habla con Arjuna. La ciencia suprema de la unión con Dios,* Self-Realization Fellowship, 2015)
80. Yogananda, *Journey to Self-Realization*, 405.
81. Peta Morton. *Ancient Teachings for Modern Times* (Hunt, John Publishing, 2019).
82. Lao-Tzu, *Tao Te Ching*, verso 50.
83. Yogananda, *Journey to Self-Realization*, 274.
84. Maslow, A. H. (1971). *The Farther Reaches of Human Nature.* (Nueva York, Arkana/Penguin Books), 269.
85. Maslow, A. H. (1973). *Self-actualizing people: A study of psychological health*. En R.J. Lowry (Ed.), Dominance, Self-Eteem,

Self-Actualization: Germinal papers of A.H. Maslow (Monterey, CA: Brooks/Cole), 177-200.

86. Koltko-Rivera, M. E. (2006). Rediscovering the later version of Maslow's hierarchy of needs: Selftranscendence and opportunities for theory, research, and unification. *Review of General Psychology*, *10* (4), 302-317.
87. McCraty *et al.*, The Electricity of Touch, 359-379 y McCraty, Rosman y Childre, *HeartMath: A New Biobehavioral Intervention*.
88. McCraty *et al.*, The Electricity of Touch, 359-379.
89. Tiffany Field, Massage Therapy for Infants and Children, *Journal of Developmental & Behavioral Pediatrics 16*, n.º 2 (abril de 1995): 105-111.
90. Gail Ironson *et al.*, Massage Therapy Is Associated with Enhancement of the Immune System's Cytotoxic Capacity, *International Journal of Neuroscience 84*, n.º 1-4 (1996): 205-217.
91. Raymond Trevor Bradley, *Charisma and Social Structure: A Study of Love and Power, Wholeness and Transformation* (Nueva York: Paragon House, 1987.
92. Madre Teresa. *No Greater Love* (New World Library, 2016).
93. Paramhansa Ygananda, The Cosmic Sphere of Love. *Self-Realization Magazine* (Annual Issue, 2022), 57.
94. *Ibid*.

AGRADECIMIENTOS

Estoy enormemente agradecida a las muchas personas que han apoyado que este texto viera la luz y aprecio en gran manera su interés. En primer lugar, quiero dar las gracias a Hay House, desde lo más profundo de mi alma, por creer en el mensaje de este libro y juntos traerlo al mundo. Gracias a Reid Tracy, Patty Gift y Allison Janice, así como a mi maravillosa editora Melody Guy. Y gracias a Lara Asher por su ayuda con la edición. Con todo mi cariño quiero agradecer al escritor Gary Jansen, mi querido amigo de toda la vida, siempre a mi lado para animarme a aclarar mis ideas y que estuvo conmigo en cada paso de este libro. Gracias, Gary, de todo corazón.

No hay palabras para explicar la profunda gratitud que siento por Paramahansa Yogananda, Swami Sri Yukteswar y todos los gurús de la *Self-Realization Fellowship*, por el impacto indeleble que han dejado en mi vida y por los conocimientos y la sabiduría transformadoras que han traído a este mundo. Esta alma humilde les estará agradecida fervorosa e intensamente por siempre y para siempre.

Siento un sincero amor y agradecimiento por el HeartMath Institute, especialmente por Doc Childre, Deborah Rozman, Rollin McCraty y Howard Martin. Gracias por su gran apoyo, por compartir conmigo y con el mundo su increíble investigación y trabajo sobre la inteligencia y el despertar del corazón, y por permitirme llevar a cabo el estudio de Meditación HeartAlign con ellos.

No podría realizar mi trabajo ni mi labor literaria sin el auxilio de mi queridísimo amigo y compañero de toda la vida, John Pisani, padrino de mis hijos y una parte vital de mi familia y mi existencia. Gracias por todo y por tu enorme corazón. Asimismo, estoy muy agradecida a Katelyn Hughes, siempre cariñosa y amable. Es una fuente de creatividad que ha sido una parte fundamental a la hora de apoyar mi trabajo y Solluna, durante más de una década. ¡Te quiero y te aprecio muchísimo! Igualmente estoy increíblemente agradecida al resto de mi maravilloso equipo de Solluna. Y siento una profunda gratitud por tenerte en mi vida, Laura Pringle. Eres realmente una bendición, y te doy las gracias por cómo eres y por tu incondicional amistad. Agradezco a Faith y Justice Collier su apoyo inquebrantable mientras redactaba este libro, incluyendo el generoso regalo de mi única mesa de escritura india para mi cabaña, refugio donde escribo. ¡Gracias, Faith, por nuestras muchas conversaciones inspiradoras de corazón a corazón! Gracias a Elena Reyes, por tu hermoso espíritu y tu inestimable ayuda en mi hogar durante la redacción de este libro. ¡Y gracias a todos mis amigos y a la increíble red de apoyo con la que tengo la suerte de contar! Gracias a mis admirables padres, Bruce y Sally, por ser parte de mi familia del alma. Me reclino agradecida ante nuestro enorme amor y por todo el crecimiento que hemos experimentado juntos. Nuestro amor es eterno.

Gracias a mis queridos hijos, Emerson y Moses. Gracias por elegirme para ser vuestra mamá. Como decimos: «Los quiero como ir de aquí a la luna y volver más de un millón de veces... e infinitamente más». Gracias por todo lo que me habéis enseñado sobre el amor y, sobre todo, por ser las hermosas almas que sois. Os amo por siempre y os llevo guardados en mi corazón para toda la eternidad.

Por último, pero no por ello menos importante, quiero agradecer a mi alma gemela, el espejo en el que me miro, una de las mayores bendiciones de mi vida: mi esposo, Jon. Te estoy muy agradecida y cada día me siento más enamorada de ti. Nuestro amor es un milagro.

SOBRE LA AUTORA

Kimberly Snyder ha sido número uno en la lista de superventas de *The New York Times*. Es maestra de espiritualidad y meditación, conferenciante internacional, nutricionista y experta en bienestar holístico. Es autora de siete libros, entre ellos *Belleza radical*, en colaboración con Deepak Chopra, y *Eres mucho más de lo que crees* (Editorial Sirio).

Es, además, la fundadora de Solluna, una marca de estilo de vida holístico que ofrece productos para llegar a conseguir la felicidad física y espiritual, cursos y meditaciones como el sistema HeartAlign. Kimberly es la presentadora del conocido *Feel Good Podcast*, que trata de todos los aspectos del bienestar holístico.

Ha trabajado con docenas de celebridades, de sobra conocidas, para ayudarlas a sentirse mejor que nunca, entre ellas Drew Barrymore, Reese Witherspoon y Channing Tatum. Además, aparece regularmente en diversos programas y medios de comunicación estadounidenses, como *Good Morning America*, *The Today Show*, *The New York Times*, *Vogue* y *The Wall Street Journal*. Kimberly reside en Los Ángeles y Hawái con su esposo e hijos. Para obtener más información sobre Kimberly y Solluna, visita:

www.mysolluna.com y @_kimberlysnyder.